目次

第2章　公共を支える企業

第3章　被災地を支えるNPO

はじめに――日本を変えよう

●――大震災が変えた日本

2011年3月11日、マグニチュード9・0という巨大地震が起き、千年に一度の大津波が、東日本の太平洋沿岸に未曾有の被害をもたらしました。続いて、東京電力福島第一原子力発電所が炉心溶融と水素爆発を起こし、大量の放射性物質を放出するという大事故が起きました。

「東日本大震災が大きな被害をもたらしたのに、日本社会は変わっていない」という人もいます。しかし、私は、この言い方について、次の2つの面から疑問があります。

まず、大災害が起きたら、社会は変わるものでしょうか。確かに、大震災は日本社会に大きな衝撃を与えました。大津波はたくさんの街並みを飲み込み、多くの人命を奪いました。原子力発電所の事故は、原発の安全神話を吹き飛ばすとともに、科学技術への信頼も揺るがしました。自然の脅威や科学技術への信頼について、国民の意識を変えたことは、間違いありません。しかし、社会に大きな衝撃を与え、国民の意識を変えたとしても、それだけでは社会は変わりません。無常観や不信感が広がるだけです。その衝撃をきっかけに、国民が行動を起こし仕組みを変えなければ、日本社会は変わりません。

第二次世界大戦の敗戦は、日本社会を大きく変えました。それは、戦後改革が行われ、民主化や自由化が進んだからです。阪神・淡路大震災で、ボランティア活動が社会に認識されました。それは、多くの若者が支援活動に駆けつけたからです。社会が変わるには、私たち日本人が変えようとしなければならないのです。

次に、東日本大震災によって、日本社会は実際に変わったのかどうか。私は、日本社会は変わったし、変わりつつあると考えています。その中で、私たちには今、何をどのように変えようとしているのかが、問われているのです。「大災害が起きたら社会は変わる」というだけでは、何がどう変わるかがわかりません。

大震災をきっかけに、何がどう変わりつつあるのか。本書では、行政の変化、企業の活動、NPOの活躍といった、3つの「主体」の変化を紹介します。国や自治体は、これまでにない対応を行いました。企業は事業を素早く再開することで、復旧を支えました。その後も、社会責任と社会貢献によって、復興を支援しています。また、今回も多くの個人ボランティアが被災者支援に駆けつけましたが、それに加えて組織ボランティアとしてのNPOが専門能力を生かして復興の支援に活躍しています。それぞれが、大震災を契機に、新たな取り組みを行ったのです。

行政、企業、NPOが、それぞれさまざまな活動を行いました。それは一見、ばらばらな動きに見えますが、日本社会を変えるという視角で見ると、同じ方向に向かっていることが見えてきます。

これらの動きは、公共というものの考え方の変更であり、その点から社会のあり方を変えようとしているのです。すなわち、「企業は利益を求めて商品や商業サービスを売り、公共サービスは行政が提供する」といった考え方から、「企業も民間非営利セクターも、行政とともに地域の暮らしを支える重要な主体である」という考え方への変化です。第1章から第3章までに紹介する実例は、この大きな変化の流れにあると考えると、変化しているものとその方向が見えてきます。これらの変化は、特定の指揮者が指示したのではなく、多くの関係者が自ら取り組んだ成果であり、国民や企業の意識が変わってきたのです。本書では、それを明らかにします。

ところで、なぜ東日本大震災において、企業が目に見える貢献をし、NPOが活躍できたか。それは、「被災地」の「被災者」を「支援する」という、地域と対象と目的が明確だったからです。どこで何をしたら役に立てるかが、誰の目にも明らかだったのです。社会一般に何か貢献しようとするならば、具体的に何をして良いかがわかりません。いざ動くとしても、関係者の理解と同意をまとめることに大きな労力が必要になります。それに比べ大震災からの復興は、場所が限定され求められている仕事が明確だったのです。だからこそ、社会の変化につながる起動力を持ったのです。

●——私たちは変えたかった

この本は、行政の側から復興の事務責任者を務めてきた岡本全勝と、被災地支援や企業の支援を引き出す仕事に携わってきたＮＰＯの藤沢烈、日本を代表する民間支援団体である日本財団の青柳光昌の３人の共著です。

岡本は、官僚として、日本の行政を変えたいと考えていました。大震災が起き、救助、復旧、復興について政府の事務責任者に指名され、実行する機会を与えられました。それは、モノを対象の中心とした行政から、人を対象の中心に据えた行政への転換であり、行政手法を西欧から輸入するのではなく、現場から課題を吸い上げて解決するという発想方法への転換です。そして、復興は行政だけではできないことを認識して、企業やＮＰＯの力を発揮してもらうことです。また、これまでにない課題に対して、「それはできません」と答えてしまう官僚主義の打破です。このことに、被災地の復興の中でさまざまな形で取り組みました。もちろん私一人ではなく、多くの関係者がそれぞれの立場で取り組んだものです。千年に一度の大災害への対応です。これまでと同じことをしていてはダメだという意識、平時ならできない改革をしなければならないし、できるという意識もありました。事務方の責任者としてどのような考え方で今回の災害に対応したか、これに対して多くの関係者はどのように対応してくれたかを、皆さんに紹介します。

藤沢は、非営利活動の分野から、日本を変えたいと考えていました。大震災をその機会ととらえ、被災地と支援者をつなぐことを志し、非営利団体であるＲＣＦを立ち上げました。単にＮＰＯを組織して被災地の支援に入るのではなく、支援を考えている行政、企業、ＮＰＯと、支援を求めている現場をつなぐのです。特に、大手企業による支援を被災地域につなぐことで、ＲＣＦは成果をあげました。

先ほど、行政だけでなく企業も非営利セクターも、公共を支える主体だと述べました。３つの主体が協力して力を発揮するためには、それらの主体や被災者をつなぐ必要があります。ところが、このような機能も発想も、これまではなかったのです。支援をしたい企業がいても、どこで誰がどのような支援を待っているのか、わかりません。義援金や支援物資なら、日本赤十字社や被災自治体に贈ればよいのでしょうが、人による支援やそれぞれの企業が得意な能力を生かした支援は、相手との引き合わせが必要です。藤沢の立ち上げたＲＣＦは、キリンビールによる水産業支援、グーグルによる中小企業支援、資生堂によるまちづくり支援などを実現させました。

青柳は、専門の非営利活動への支援に止まらず、彼らと行政や企業との結節点となることで、日本を変えたいと考えていました。日本財団の東日本大震災復興支援タスクフォースの事務局責任者に指名され、被災者支援に携わるとともに、被災者を支援する多くのＮＰＯなどを支援してきました。緊急期における約７００事業におよぶＮＰＯへの活動資金の支援にはじまり、復旧期からは被災地の行政やそこに芽生えつつあった非営利団体と一緒に事業を企画・実行してきました。その際には、個人や企業、海外等から日本財団に託された多額の寄附金を使い、寄附者の意向と現地のニーズを形にすることにも努力しました。東北初の経営大学院に対して、ダイムラー社による社会起業家育成のための奨学基金設置や、フィリップモリス社による高校生のキャリア教育実践の場としてのコミュニティカフェの開設などは、その一例です。そして、復興人材プラットフォーム「ワーク・フォー・東北」では、地元の自治体、ＮＰＯ、支援する企業と政府をつなぐ仕組みを実現しました。

３人は、それぞれの立場から、日本社会を変えたかった、変えなければならないと考えていました。復興庁では当初から、民間と連携するため、ボランティア連携班と企業連携班をつくりました。藤沢とダイバーシティ研究所の田村太郎氏は復興庁の政策調査員として、非営利セクターや企業との連携の助言をしました。復興を進めていく過程で、田村氏も交えた４人を含む関係者は、３つのセクターをつないで、新しい復興の形をつくろうと試みを続けてきました。

●——日本を変えたい人たちへ

待っていても、社会は変わりません。社会は、私たちが変えるものです。何を変えようとしたか、被災地でどのような変化が起きているのかを紹介しましょう。そして、今回の変化を被災地の復興だけに限定せず、広く日本社会の変化につなげるためには何が必要かを提案します。

公務員の皆さんへ。地域の暮らしに責任を持っているのは、自治体であり国です。皆さんには、これからどのような役割が求められているのか、本書を読んで考えてください。

企業の方へ。利益だけを考えていては、企業の存続や発展はありません。社会責任を果たす必要があります。それは、本業の外で一定額の寄附をするというような、お金だけの貢献ではありません。先進的企業がどのような社会責任の取り組みを行っているのか、参考にしてください。

非営利セクターの関係者と、ボランティア活動に関心のある方へ。NPOも、自らの関心分野だけに閉じこもらず、支援を求めている人たちや行政との協働、あるいは支援を用意している企業などとの連携が必要です。被災地ではどのような挑戦がされ、今後どのような活動が期待されているのか、本書が今後の活動に向けたきっかけになると思います。

そして広く日本社会のあり方に関心をお持ちの方々へ。日本をどの方向に変えていくべきか、そのためには何をするべきか、一緒に考えていただければ幸いです。

巨大地震と原子力発電所事故については、自然科学者からの検証がたくさんなされています。社会科学者を動員した検証として、日本学術振興会による東日本大震災学術調査（代表、村松岐夫京都大学名誉教授）の成果が、『大震災に学ぶ社会科学』（全8巻、東洋経済新報社）として発刊されています。被災現場からの報告も、膨大な数に上っています。それらに対して本書は、行政、企業、NPOの活動と新しい取り組みから、日本社会の変化を分析し提言しようとするものです。

第1章

変化する行政

まず第1章では、救助、復旧、復興において、行政が何をしたかを解説します。

私は、発災1週間後に急きょ作られた「被災者生活支援特別対策本部」の事務局次長（事務局長は副大臣）に指名されました。それ以来引き続き、復旧、復興に携わり、5年にわたって国の大震災対策組織の中枢から、動きを見続けてきました。(注1) その事務方の責任者として「何を考え」「何をしたか」、また関係者は何をしたのかを振り返り、整理したいと思います。その際の視点は、前例のない災害に政府はどのように立ち向かったのか、そしてそれを通じてどれだけ行政が変わったのかです。

例えば、避難者の生活支援は、従前は自治体や住民同士が行うことと考えられていました。今回は、国が組織的に取り組んでいます。また、これまでの災害復旧は、主に公共施設とインフラストラクチャーを対象としていました。しかしインフラを復旧しただけでは、地域に暮らしは戻ってきません。そこで、産業の再生とコミュニティの再建にまで範囲を広げました。例えば、事業者への仮設店舗の無償提供や施設・設備復旧の補助金は、従来の「事業再開は事業者の自己責任で」という行政の哲学を、コペルニクス的に転換したものです。あるいは、初めてコミュニティの再建支援にまで踏み込みました。これら新しく行った具体的対策、その際の考え方、そしてそれがどのような行政の変化を生んだかについて説明します。

第1講　試された政府の能力

第1講では、発災直後の被災者生活支援特別対策本部の活動を中心に、未曾有の大災害が起きた緊急時に、政府はどのように対応したかを振り返ります。

1　「前例がない」への挑戦

(1)　官僚主義を越える

●――試された官僚の能力

東日本大震災では、千年に一度という大津波が東日本の太平洋沿岸を襲い、初めて経験する原子力発電所の大事故が起きました。「これまでにないこと」「前例がないこと」が起きたのです。そして目の前には、助けを求めている多くの国民がいます。その数は、推計で47万人にものぼりました。これら災害に遭った国民に安心を提供することは、政府の責務です。

「想定外」という言葉が、流行しました。「予想をはるかに超えた津波」「安全神話が崩れた原発」というように、想定していないことが起きたのです。しかし、危機が起きた際には、想定外という言葉は免罪符になりません。危機は、前回と同じ形では現れないから、危機なのです。前例があるのなら、対応の仕方もわかります。それは危機ではありません。その意味で、危機は常に想定外です。もちろん事前に十分備えておくこと（防災）は重要です。しかし、想定外のことが起きることは、想定内でなければならないのです。想定外の事態が起きた際に、どのように国民を守るか。そこに、政府の能力が試されます。(注2)

官僚批判の定番に、前例主義と縦割りがあります。すなわち、新しい課題が生じても、「前例がありません」「法律に書いてありません」とか、「それは私の所管ではありません」と言って対応を拒否するのです。しかし、前例のないこと、法律が想定していなかったことが起きているときに、こんなことを言っていては、言い訳にもなりません。一つの組織が所管外だと逃げても、政府としては誰かが対応しなければなりません。法律に書いていなくても、必要なことはしなければならず、法律がなければ、法律をつくって必要なことができるようにしなければなりません。想定外の災害を前にした場面に、官僚の能力が試されたのです。

この仕事の責任者に指名されたとき、私は「これは、日本国政府の能力が試されているのだ」と自らに言い聞かせるとともに、その気構えを職員たちに求めました。少々強引であっても、現場で良い結果が出ることが判断基準だと、割り切りました。「所管外です」「権限がありません」というたらい回しをせず、必要なら新しい対策を打ちました。それはまた、「官僚主義」という批判を打ち破る戦いでもあったのです。

●――生かされた経験

まず、発災直後の対応から追ってみましょう。被災者の救助については、阪神・淡路大震災（1995年1月）の教訓が生かされました。現場においては、充実され訓練を重ねてきた消防と警察の広域応援部隊が全国から駆けつけ、効果的な救助を行いました。前回は出動要請が遅れたと批判された自衛隊も、直ちに出動し、救助や捜索さらに被災者支援や復旧作業に当たりました。国土交通省の緊急災害対策派遣隊（テック・フォース）も、被災地でのインフラの応急復旧に活躍しました。

中央政府においても、阪神・淡路大震災の際に被災状況の把握と対策が遅れたことへの反省が生かされました。新総理大臣官邸の地下につくられた危機管理センターに、直ちに関係者が参集し、緊急災害対策本部が立ち上げられました(注3)。

前回の経験は、確実に生かされました。しかし、目の前にはそれを上回る被害が生まれていたのです。

通常の災害では、被災者の支援は自治体の仕事です。まずは市町村が対応し、それを県が補完します。しかし今回の大震災では、国が大きな役割を果たしました。被害がこれまでにない大きさであったこと、市町村役場そのものが物的にも人的にも被災し、役場機能が失われたからです。また広域に大きな被害を受けたので、県庁の能力も超えていました。

政府では、緊急災害対策本部事務局（内閣府防災担当政策統括官室）が、事前につくってあったマニュアルに沿って自治体の支援を始めました。しかし仕事量がどんどんふくれあがったので、別に被災者生活支援特別対策本部を設置し、本格的に被災者支援に乗り出しました。まずは現地からの要請を受け、水や食料、日用品などの生活物資などを調達し、送りました。さらに、現地の課題を吸い上げ、対応しました。燃料の不足、医療、がれき片付けの方法など多岐にわたっています。避難所の生活環境を調査し、温かい食事の提供、プライバシーの確保など、避難所生活の改善も進めました。市町村役場へ国家公務員を送り、現場の作業に従事させることも行いました。詳しくは第2講（46ページ）で述べます。

当時私たちは、「これまでの経験に縛られるな」を合い言葉にしていました。これまでにないことが起きているのです。事前に定められたマニュアルや前回の経験は参考になりますが、それが上限だと思っては十分な対応はできません。過去の経験を生かすとともに、過去の経験に縛られないことが、必要だったのです。

(2)　未曾有の災害と対策の難しさ

ここで、大震災による主な被害を、まとめておきます（おおむね2015年末時点）。

死者と行方不明者、災害関連死者の合計は2万人を超えています。避難者数は、発災直後に47万人と推計されました。両親を亡くした孤児は約２４０人、一人親となった遺児は約１５４０人にもなりました。

全壊や破損した建物は約１１０万戸、道路や鉄道などに大きな被害が生じました。津波浸水区域は、青森県から千葉県の沿岸に及び、面積は５６０平方キロメートル、山手線内（63平方キロ）の約９倍にもなりました。産業の被害も大きく、鉱工業生産指数は被災市町村で約30パーセント減少し、日本全国でも約15パーセントの減少になりました。

被害が大きく特例の指定を受けた自治体は、11道県２２７市町村に及びました。阪神・淡路大震災の際は１県16市町村でした。また原発事故で避難指示が出た市町村は合計12市町村、うち全住民が避難したのは９町村です。放射能汚染の除染が必要な自治体は、１１５市町村に広がっています。

今回の大震災は、被害が大きくかつ広範囲であっただけでなく、これまでにない特徴を持っていました。復旧を阻む要素として、主なものを上げましょう。

① いくつかの市町村では、津波によって役場も流され、行政機能が失われました。庁舎や行政資料が失われただけでなく、職員も被災者になりました。町長をはじめ町職員の３分の１が亡くなったり行方不明になった町役場もあり、救助や復旧を進める際に困難が生じました。

②　原子力発電所事故の規模は、想定していなかったものでした。事故の緊急対応作業や住民の避難誘導が混乱しました。原子炉は冷温停止しましたが、廃炉までにはまだ30年以上かかると予想されています。放射能汚染が広範な地域に残っているとともに、高濃度の汚染により長期に帰還できない地域があります。これらが終わらないと、事故そのものが終わらないのです。また、放射能に対する不安も、風評被害などとして残っています。

③　産業と経済への影響が、広範囲にわたりました。被災地だけでなく、自動車や電子機器などの部品の供給を受けている全国の企業に、影響を与えました。ペットボトルのキャップの金型をつくっている工場が被災し、ペットボトルの供給に支障が出たというような事例もありました。サプライチェーンのほころびが、全国に影響を与えます。被災3県のGDP合計が全国の約5パーセントであるのに対し、全国の鉱工業生産額が15パーセントも減少しました。大震災の影響による企業倒産件数は、阪神・淡路大震災と比べて3倍以上になっているとの調べもあります。(注4)地域別では関東や中部で多く、原因別では直接被害（社屋の倒壊など）が約1割であるのに対し、9割が間接被害（買い控えや自粛による売り上げ減少、物流網の混乱による調達難など）でした。

④　津波によって、多くの町が街並みごと流されました。また、津波被災地では再度の津波のおそれと地盤沈下により、同じ場所で生活を再開することは危険です。高台への移転や土地のかさ上げを行い、町をつくりかえる必要がありました。地震災害なら、がれきを片付ければ、同

じ場所で住宅や建物を再建できることに比べ、より困難で時間がかかるのです。

⑤　たくさんの人が広範囲に避難して、かつ避難生活が長期化することが想定されました（避難者の居所がほぼ把握できた２０１２年３月時点では、34万人の避難者が全都道府県の１２００以上の市区町村に居住していることが判明しました）。仮設住宅の入居期間は通常は２年を想定していますが、津波被災地では町をつくり替える必要があること、原発事故被災地では長期に帰還できない地域があることから、避難がはるかに長期になると想定されました。

数字で示してもすさまじい限りですが、現地の状況は言葉ではとても表すことはできません。私が初めて被災地に入ったのは、発災から３週間後の４月２日、総理大臣に随行して訪れた陸前高田市でした。ヘリコプターで入った現地は、いくつかの鉄筋コンクリートの建物の残骸を残して、街並みはなくなっています。電柱もなく、がれきも多くは津波が海に持っていったので、真っ平らな町になっています。空が異常に広かったのが、印象的でした。ここに建物が、町が、そして人々の暮らしがあったとは、想像できません。そのがれきのあちこちに、菊の花がありました。遺体が見つかった場所です。

その後、各地の被災地を見て回りましたが、被害の大きさと悲惨さには、声をのむばかりでした。

東京にいるときのことでも、現地の責任者から深夜にかかってきた「棺桶が足りません。確保してください」や「遺体を運ぶ車が用意できません。どうしましょうか」といった悲痛な電話を忘れることができません。もちろん、ご遺族や被災者の苦しみや悲しみは、私がここで言葉で表現できるものではありません。

2　責任組織の設置と運営

(1)　被災者生活支援特別対策本部の設置

大規模な災害時には、政府に緊急災害対策本部（緊対本部）が設置されます。今回はそのほかに、被災者生活支援特別対策本部（後に、被災者生活支援チームと改称。被災者生活支援本部と略称）が設置され、被災者の支援に当たりました（2011年3～7月）。引き続き、復興対策本部（2011年6月～2012年2月）、復興庁が設置され（2012年2月～）、復旧と復興を統括しま

図表1－1　東日本大震災の際に政府に置かれた各種組織

（2011年4月時点）

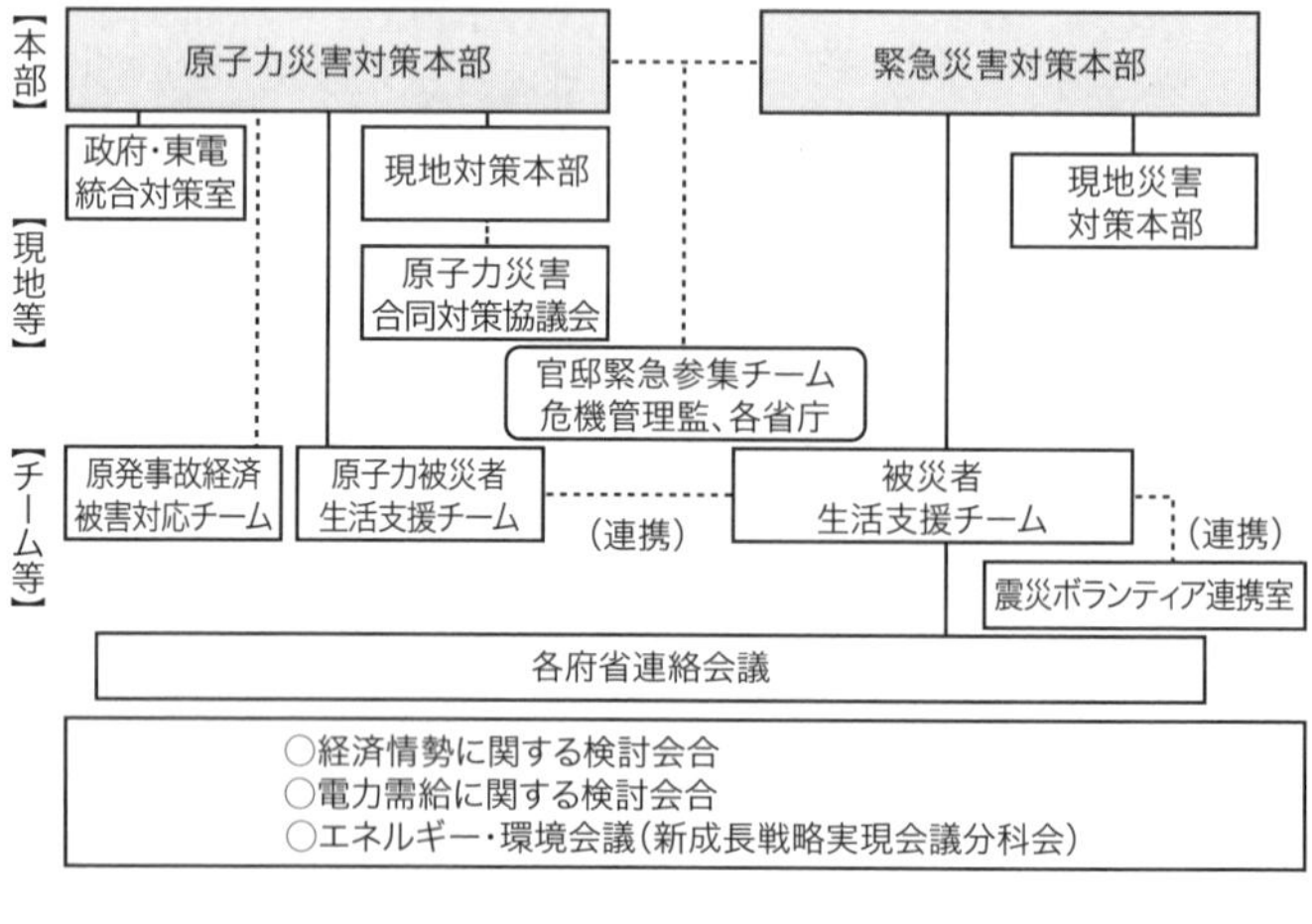

した。緊対本部は地震・津波災害を対象としていて、原発事故については別に原子力災害対策本部（原災本部）が設置されました。また、その下にいくつもの組織が置かれました（図表1－1）。

被災者生活支援本部は、松本龍・防災担当大臣を長とし、片山善博・総務大臣、仙谷由人・内閣官房副長官、平野達男・内閣府副大臣を中心的構成員としてつくられました。その事務局は、総理大臣官邸の向かいにある内閣府講堂（当時）に置き、各省から職員を緊急に招集して組織しました。(注5) 職員数は、最大時で120人でした（うち70人分の席は被災地との連絡のため交替制勤務でしたから、勤務した職員の実数はこれより多いです）。職員の交代もあり、7月までに、合計600人の職員が勤務しました。また、被害の大きかった岩手、宮城、福島の3県には、現地本部を設置し、現場で国の出先機関や県庁との連絡調整に当たりました。

なお、原災本部の下にも、後に原子力被災者生活支援本部（後にチームに改称）がつくられました。原子力発電所から30キロメートルの範囲内には、一般人の立ち入りが制限

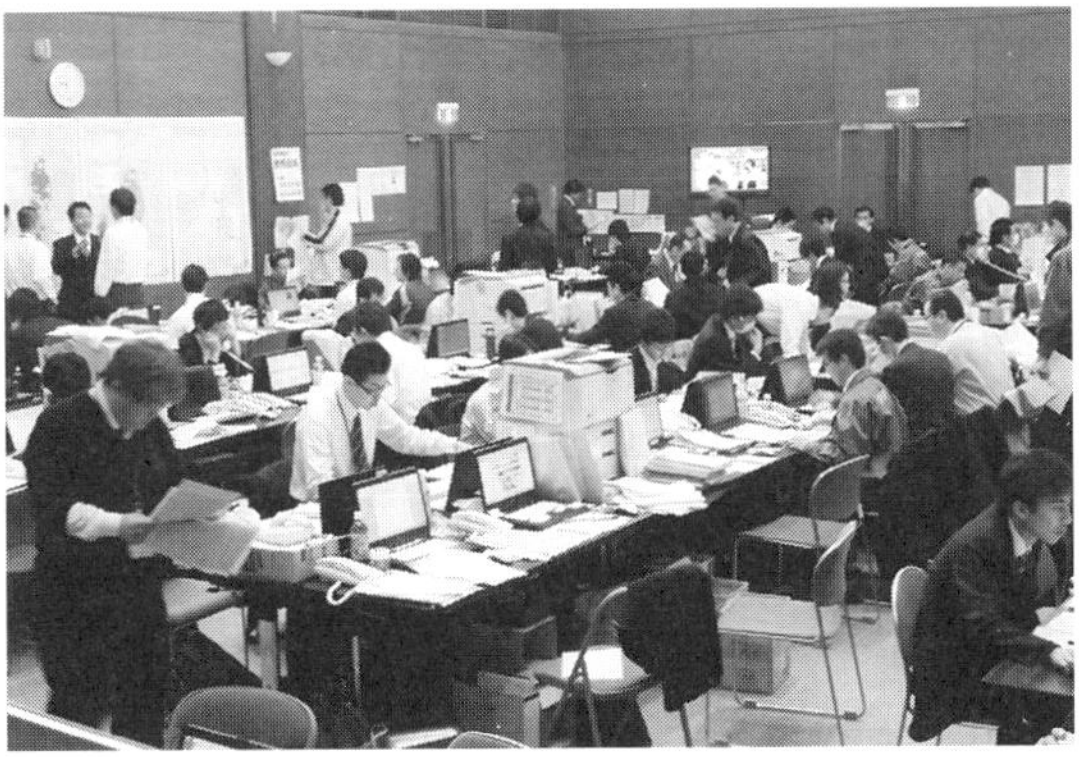

被災者生活支援本部事務局（2011年3月24日）

されたので、この範囲内は原子力被災者生活支援本部が担当し、その区域外に避難した人の生活支援は被災者生活支援本部が担当することとしました。また、原発事故特有の案件（事故情報の伝達など）については、原子力被災者生活支援本部が担当しました。

これらの組織の任務は、避難者の支援や復興の司令塔です。このような組織を置くことによって、責任が明確になります。ただし、組織をつくっただけで、効果的な成果を出せるとは限りません。そこには、①課題を把握し対策を打つという「作戦の企画と実行」（霞が関の用語でサブスタンス）と、②そのための人員を集め組織をつくり運営するという「組織の編成と運営」（同じくロジステック）の2つの作業があります。効果的な作戦を立てて良い成果を上げるためには、適切な組織をつくり、上手に運営することが重要です。

政府に置かれる多くの本部は、各省大臣など関係者が集まり、情報を集約し指示を出す会議体です。それに対し、被災者生活支援本部は、会議体であるとともに実務を担う実行機関でした。前者の会議体を「本部会合」、後者の実行機関を「事務局」と呼びましょう。このような組織が機能するためには、本部会合と事務局との役割分担が重要です。被災者生活支援本部では、政務職が広い範囲から情報を集め、その情報を共有しながら事務局の職員に指示を出します。事務局は、各省や現地から寄せられた情報を整理して上げるとともに、指示に従って作業を進めます。今回は、双方の良い役割分担と意思疎通で、歯車の合った仕事ができたと思います。(注6)

多くの本部は、総理大臣や大臣が本部長になります。しかし総理大臣や大臣は忙しく、責任ある官僚が本部長を補佐するとともに、事務局内を仕切ることが必要です。本部会合は会議体であっても、事務局は独任制でなければなりません。そうすることによって、事務の責任者が明確になります。事務局内にどのような人材が何人必要かを考え、それにふさわしい職員を集め、効率的な組織編成をする。そして、彼らに仕事の方向を示し、仕事を分担させつつ全体を把握する。ここに、責任者の力量が試されます。

被災者生活支援本部本部会合（2011年3月24日）

被災者生活支援本部では、課題ごとに関係の深い府省から、業務に精通した課長級職員（最大時13人）を招集し、各班の班長として任務を分担させました。そして、毎日朝夕２回定時（9時半と16時半）に班長会議を開き、課題の把握と対応の調整を行い、本部会合への報告事項と前回に指示を受けた事項の回答案の確認を行いました。それを踏まえて、毎日11時に、本部会合を開き、報告をし、指示を仰ぎました。

このような会合は、毎日の開催時刻とおおむねの所要時間を決め、定例化しておくことが重要です。大臣をはじめ出席者は忙しく、そのたびごとに集合時刻の調整をしていては非効率です。時間を決めそれに合わせてもらう、という手法をとりました。また、報告のための資料をつくっている関係者も多く、締め切りを決めておかないと、非効率になります。効果的な会議にするためには、出席者の人数をあまり増やさないことも重要です。

多くの案件は、その場で即断即決します。判断がつかない案件は、翌日には回答することを原則としていました。これによって、関係者には、扱っている問題の重要性やスピード感が伝わったと思います。翌日私たちが上げる回答には、「不明」とか「現時点では把握できず」というものもありましたが、「何かを返さなければならない」ということをルールにしたのです。

この本部は、司令塔です。例えば、燃料不足は経済産業省、医療の問題は厚生労働省、道路の復旧は国土交通省と、それぞれの担当省に指示を出します。担当省がすぐに見つからない場合には、事務局が自ら着手します。また担当省が複数ある場合には、調整に乗り出します。

被災者生活支援本部という組織としっかりした事務局をつくったことの効果は、大きかったと思います。一元的な組織をつくることで、役所間でのたらい回しを防ぎ、また組織の谷間に落ちる案件をなくすことができたと思います。さらに、ただの会議体では、各省が把握している情報と各省が行っている実績を報告するだけの「発表会」になるおそれがありますが、政務職が入った会議体と実施・調整機能を持つ事務局とが一体となることで、単に各省の対策を束ねるだけでなく、全体を見渡して次を考えた対策を打つことができました。後手に回らず、先手を打つことができたのです。

このようにしてそれぞれの課題に対して成果を出したことのほかに、意識的に「見える組織」にしたことの意義も大きかったと思います。被災者、自治体、関係組織、マスコミそのほか国民に対する窓口として、問い合わせや指摘を受け付けました。他方、これらの人や組織に対して、被災情報と支援情報を発信しました。情報や業務が混乱するなかで、とりあえず「あそこに連絡すれば、どこかにつながる」という存在になろうと務めました。言ってみれば、「灯台」と「電話交換機」の役割です。それによって、情報が集まります。関係省庁も何をすればよいのか、また「こんなことをしたいが関係省との調整をどうしよう」と悩んでいました。被災者生活支援本部に問い合わせれば、誰かにやって欲しいことや、誰かがやっていることがわかります。このような状況の中で、「手形交換所」の役割を果たしていたのだと思います。逆に言えば、「被災者生活支援本部でわからないことは、現時点ではどこに聞いてもわからない」ということです。

また、本部の存在と活動自体が、国民に対し「政府を見せる」ことになります。被災地の現状と政府の取り組みを知らせることは、避難所にいる人を含め国民の不安を小さくすることにつながるということも、意識していました。

⑵「何が起きているかわからない」

職員を集めて組織をつくります。さて、何を行うか。想定外の事態で現場が混乱している場合の困難さは、「何が起こっているかがわからない」ことであり、「何をすればよいのか、何ができるのかがわからない」ことです。被災者支援についても同様でした。「何をすればよいか」がわかれば、各組織は自ら動きます。「何が必要であり、これができるから対応しろ」は、誰かが指示しなければなりません。「責任者にとっての危機」です。私は、次の3点に力点を置いて仕事を進めました。

第一に、現地の状況をどのように把握するのかという、「情報収集」です。

現地は混乱し、通信手段も途絶しています。広範囲な地域で被害が生じていて、現地との連絡も十分にできない状態にありました。政府内では、それぞれの組織が現地の状況を必死で集めていますが、共有されていません。被災者生活支援本部が一元的にかつ「何でも引き受ける」という姿勢をとったことが重要だったと思います。現地にとっても各組織にとっても、情報はとりあえずこの本部につなげばよいというメッセージになったでしょう。おかげで、やがて、ほぼすべての情報を集約することができました。

現地からの被害報告や支援要求にも、注意する必要があります。被害のひどい地区からは、そもそものような連絡が上がってきません。情報を届けるすべさえないのです。「便りのないのは悪い知らせ」です。その部分は、想像力を働かせる必要があります。

他方で、すべてを中央で把握し指示を出すことは、合理的ではありません。「情報の集約と実施の分権」が重要です。まずは現地で対応してもらい、その状況を中央に上げてもらう。中央は現地からの求めに応じて支援するのです。そして、中央は全体の状況を把握し、問題が生じている場所や課題に対して指示を出す必要があります。

第二に、優先すべき課題は何かという「判断」です。

一度に、多くのそして雑多な要求が来ます。しかし、こちらの資源と能力は限られていて、すべての要望に対応することは不可能です。何を後回しにするか、優先順位付けが必要になります。時には「声の大きな人」もいて、これは難しい判断となります。

第三に、誰に何をさせるのかという「指示」です。

どこにどのような組織（人と能力）があるかを踏まえ、適切な者に適切な指示を出す必要があります。能力のない組織や混乱していて手が一杯の組織に、それ以上の指示を出しては混乱を助長するだけです。指示も具体的かつ正確に出さないと、相手組織に正しく伝わらないおそれがあります。「伝言ゲーム」や指示書が書類の山に埋もれていたといったようなことが、起こらないようにしなければなりません。誰にどのように伝えるか、その見極めも大切です。

そしてこれらは、不十分な情報と混乱しているなかで、急いで判断しなければなりません。現場の状況、組織の実態、指示の伝わり方などを想像し、先を読みながら手を打つことが重要です。一言で言うと、想像力です。状況が把握でき、必要な対策がわかり、誰が何をすればよいかがわかれば、「責任者にとっての危機」は乗り越えることができます。

通常の仕事では、現場や部下から上がってくる相談事項を上司が判断するという、ボトムアップ型で良いのです。現場や部下の方が多くの情報を持っていますから、まず彼らの判断を聞くことは間違っていません。しかし、情報そのものが混乱し、前例のない仕事では、報告や相談を待つことなく、上から次々と問い合わせをし、指示を出すというトップダウン型でなければなりません。

これらの経験は後世の役に立つと考え、当時の記録を含めた被災者生活支援本部のホームページは内閣府のサイトに保存し、誰でも見ることができるようにしてあります。また復興庁でも、できる限り資料はホームページに載せ、保存するようにしています。

3　官僚の本分

個人的な話になりますが、その頃の私の考えと行動を書いておきます。

●官僚の底力

先ほど、「この仕事の責任者に指名されたとき、私は『これは、日本国政府の能力が試されているのだ』と考え、少々強引であっても現場で良い結果が出ることが判断基準だと割り切りました」と書きました。

当時は、民主党政権下で政治主導が唱えられ、官僚が疎外されるといったことも指摘されていました。私は、「政治家には政治家の役割があり、官僚には官僚の役割がある。大災害時の被災者支援は、まさに官僚が能力を発揮する場だ」と考えました。食料や日用品などの調達と輸送、医療やインフラ復旧など、それぞれの分野に精通しているのは、各省の官僚です。そして官僚は、組織活動のプロフェッショナルです。もちろん、全体に責任を持つのは内閣であり大臣ですが、その指揮の下で、官僚たちは組織として能力を発揮するのです。政府の能力が試されているということは、政治家の指導力と官僚機構の能力が試されたのです。

危機だったということでお許しを願わなければなりませんが、私は承知の上でやや強引に仕事を進めたこともあります。長い公務員生活で、関係者の意思形成が重要なことは身にしみていますが、危機の際に完璧を目指していては、必要な対応が遅れてしまいます。全員の公平性確保や関係者への根回しなど、通常の行政では重要なことも後回しにしました。例えばたくさんの人が食べ物を待っているときに、人数と場所を正確に把握し、必要な弁当を用意して、運送計画を立ててなんてことをしていては、食料を送るのにいつまでかかるかわかりません。「少し余ってもよい、足らなかったら分け合ってください、とにかくあるものを送ります」としなければなりません。時間との闘いです。拙速を旨とするべきです。

そのような私を使ってくださった、大臣ほか政務職の方にも感謝します。福山哲郎・元官房副長官の著書『原発危機　官邸からの証言』（2012年、ちくま新書）に、次のようなくだりがあります（176ページ以下）。

3月29日、原子力災害対策本部の下に、「原子力被災者支援チーム」が設置された。こちらのチームの長は海江田経産大臣、チーム長代理に平野内閣府副大臣と私、事務局長には松下経産副大臣が就いた。

原発事故の影響のあった福島では、新チームの発足が遅れていた。福島第一原発が安定するめどが立たなかったためだ。福島の住民は着の身着のままで避難を余儀なくされ、生活も雇用も失うという苦しみを強いられていた。

このチームの発足に先だって、事前協議が各省庁の局長クラスで行われたときのことだ。かなり遅い時間だったと思う。各省庁から現状の取り組みと課題が報告された後、被災者生活支援チームで中心的な役割を果たしている、ある官僚が強い口調で発言した。

「1時間も2時間もこんな会議をやっていてどうするんだ。放射性物質が飛散する中で、我々も緊張感を持って作業に当たらなければいけない。それなりの準備もいる。岩手や宮城の状況とは決定的に異なるのだ。それにもかかわらず、保安院や資源エネルギー庁から、まず今回の事故に対するお詫びやねぎらいの言葉が一言もないことは理解に苦しむ。別にそんな言葉が欲しいわけではないが、みんな必死に仕事をする中で時間をつくってこの場に出席している。会議が終われば、すぐに次の仕事が待っている。何をやるのか分からないような会議をしてもらっては困る」

出席した官僚らは一様にうなずいた。官僚らしからぬ率直な物言いだと私は思った。保安院の寺坂院長はようやく頭を下げた。

この会合がもたれたのは、私の記録では3月31日夜の21時、経済産業省の会議室でした。原子力被災者支援チームは、私が担当している被災者生活支援本部（主に津波・地震被災者のお世話）の対になる形で設置されたので（図表1―1）、私から発言しなければならないことはありませんでした。しかし福山副長官から2度「岡本さん、言いたいことがあるでしょう」と発言を促され、ここに書かれているようなことを発言しました。少し違うところもありますが、ほぼ正確です。

私たちの被災者生活支援本部が活動を始めたのは、3月19日です。原子力被災者支援本部が立ち上がったのは、ここに書かれているように3月31日です。遅いのです。

私は、「官僚らしからぬ」発言とは思っていません。出席者の多くが思っていたことを、申し上げたまでです。警察庁や消防庁をはじめ関係府省から集まった20人ほどの参加者は、それぞれ各組織の責任者であり、忙しい合間を縫って集まっています。会議の目的は何か、情報共有なのか、複数の出席者に関係する案件の対応方針を決めるのか。それをハッキリさせないと、たくさんの関係者が集まっても無駄です。このような全体会合はその後、招集されることはありませんでした。

全体に責任を持つ

次に、組織の分散と集約について、考えたことを書いておきます。

図表1─1をご覧いただくとわかるように、地震津波対応に当たる緊急災害対策本部の下には被災者生活支援本部がつくられ、原子力災害対策本部の下にはさまざまな組織がつくられました。ここに一つの問題があったように考えます。緊対本部の仕事は被災者への対応に関する限り、被災者生活支援本部が引き継ぎ、すべてを一元的に処理しました。ところが原子力災害では、原災本部自体が事故収束（原子炉の冷温停止）に向けて懸命の取り組みをしつつ、その下につくられたいくつもの組織がそれぞれの課題に対応することになりました。課題ごとに組織をつくって仕事を切り分けることは、正しいことです。しかし、これら下部組織を統轄するという原子力災害対策本部の本来の任務が、おろそかになったのではないでしょうか。原災本部本体が原子炉対策に大わらわで、司令塔としての機能が不十分だったのではないか。事故当初にやらなければならないことは、原子炉を冷温停止することとともに、周辺住民を安全かつ迅速に避難させることと、国民にどの程度危険でどの程度安全かを周知することでした。大きな火災が起きたときを考えれば、消防本部は火元

の消火とあわせて、周辺住民の避難誘導をします。それと同じことです。

　原災本部がどこにあるのか見えなかったことも、問題ではなかったかと思います。原災本部自体は会議体で、総理官邸のホームページにも会議録が載っています。しかしその事務局は、多くの人にとって、所在場所も電話番号もホームページもわからず、どこに問い合わせたらよいのかがわからなかったのです。原災本部の事務局は、主に経済産業省の原子力安全・保安院（当時）が担当することになっていました。しかし、十分な役割を発揮しえなかったようです。その後、原子力安全・保安院は廃止され、役割は環境省の原子力規制委員会に移管されました。ただしこの委員会は、東電福島原子力発電所事故の処理は所管していません。なお、現在の経済産業省のホームページには、原発事故や被災者支援に関係する情報を載せた、充実したページがつくられています。

　事態や業務が混乱しているときこそ、すべてを集約する組織や人が必要です。もちろん一人ですべての問に答えることや、すべての案件を処理することは不可能です。「誰に聞けば、この問題がわかるか」「その誰が、今どこにいるか」がわかればよいのです。そしてその最低限のことを知っている人が集まった組織があって、それぞれに割り振りできる責任者が一人いればよいのです。

　あるとき副大臣から、「岡本さんは、ブラックホールか」と笑われました。宇宙に存在するというブラックホールは、重い重力のために、何でも飲み込んでしまいます。それと同様に、どんな課題でも言われたら引き受けるという、褒め言葉だそうです。私が課題から逃げたら、誰も拾う人はいません。できるかできないかは後で考えるとして、出てきた問題はひとまず引き受けなければなりません。もっともブラックホールだと、何でも飲み込むものの何も出てきません。すなわち結果が出ないと誤解されるので、そのあだ名はお断りしました。それに代わって、職員が「スーパーゴミ箱」という称号を贈ってくれました。案件がゴミだという意味ではありません。他の組織が手に負えなくなった案件が、入ってくるという意味です。このゴミ箱は、すべての案件を受け入れますが、分別してそれぞれの担当者に引き渡します。

●――天災と事故との違い、政府の責任

ところで、地震と津波は天災です。それに対し、原発事故は事故です。天災にあっては、被災者の怒りは自然あるいは神様に向けられ、自己責任で復旧します。他方で、事故にあっては、原因者がいて復旧や賠償の責任者がいます。今回の原発事故の場合は、東京電力と政府です。この違いはよく認識しなければなりません。地震・津波被災地では、支援を提供すれば、被災者に感謝してもらえます。しかし原発事故被災地では、私も政府の一員であり、責任者の一人として扱われます。事故後しばらくしてからのことですが、福島で「最後まで支援します」と発言したら、「岡本さん、違うでしょう。『支援する』ではなく、『国は責任を果たします』と言いなさい」と指摘されました。

原発事故被災地の政府に対する怒りには、2つの原因があります。一つは、政府が安全だと言っ

ていた原子力発電所が爆発を起こしたこと、政府が十分な安全策をとらなかったことです。もう一つは、原発事故が起きたとき、正確な情報が伝えられず、住民の避難誘導も十分でなかったことです。避難した人の多くは、事故の状況も放射性物質の飛散情報も十分に知らされないままに、そして行き先も指示されずに避難しました。放射性物質が飛散した方向に避難した例もありました。避難所に落ち着くまで、5か所も6か所も転々とした人も多いのです。(注7)そして混乱した避難の過程で、高齢者が何人も亡くなっています。

原発事故という「事故」への対処は、被災者生活支援本部の所管ではありません。専門知識も持っていません。しかし、他の組織の動きが円滑でなく、またその動きが見えないこともあって、被災者生活支援本部や復興対策本部も、対処に乗り出さざるを得ませんでした。当時の福島の空気は厳しいもので、いろいろな場で、まずはお詫びを申し上げてから説明に入ります。そのようなある会合で、地元有識者から「国が言うことや、官僚が言うことは信用できない」とハッキリ言われ、私たちの置かれている立場と、今回の事故が生んだ行政への影響を、改めて思い知りました。復興に向けて、早く福島県と国との公式の協議の場を持とうとしたのですが、開催にこぎ着けたのは8月でした。場所は福島で、国が主催するという形をとりましたが、その場の雰囲気も厳しいものがありました。

なお、その前後の原子力被災者生活支援チームの職員たち、それは主に経済産業省の職員ですが、彼らの努力と苦労には頭が下がります。彼らが事故を起こしたわけではありません。しかし、政府としての責めや省としての批判を一身に負って現場に入り、被災者や自治体との対応に当たっているのです。

原発事故からの避難者を真っ先にお見舞いくださったのは、天皇皇后両陛下でした。政府関係者より早く、3月30日には、避難先の一つである東京武道館を訪れ、避難者を励ましていただきました。その後も、各地の被災地をご視察いただき、被災者をお見舞いくださいました。

経験が生きた

ところで、なぜ私が被災者生活支援本部の事務局責任者に任命されたのか、いきさつは知りません。発災当時、私は東京都立川市にある自治大学校の校長をしていました。自民党政権時代に麻生太郎総理大臣の秘書官を勤め、２００９年の政権交代後は霞が関を離れていました。3月18日午後に呼び出され、19日から、支援本部事務局次長として指揮を執りました。

「岡本なら、この危機に対処できるだろう」と考えた人がいたのでしょう。私の発令が報道されると、何人かの人から励ましの携帯メールが届きました。なかには「大変ですね。でも、岡本さんははまり役なので、何の違和感もありません。国家の一大事に頑張ってください」というのもありました。それに応えるべく、私はこれまでの経験と人脈を最大限に活用しました。この仕事において、これまでの自らの経験を生かすことができた事項を列挙しておきます。

私は旧自治省に採用され、自治体の現場を何度も経験してきました。自治体の組織がどのようになっているか、その組織を動かすにはどのようにすればよいのかを知っていました。他方で、自治体の能力の限界も知っていました。被災者生活支援本部でも、次々と寄せられる自治体への指示や依頼に対し、「それを今、あの役場に求めても無理です。混乱するだけです」と止めることができました。

政府では、総理大臣秘書官として霞が関全体を見たことで、さまざまな指示や依頼をどの役所にすれば効率よく動くか、見当がつきました。また、相手省の幹部の多くも私を知っているので、話が早く通じました。官邸経験や、長い間の与野党とのお付き合いも、役立ちました。内閣や国会、政党はどのように動くのか、誰に話せば動くのか。組織と人の両面で学んだその勉強結果を、存分に活用しました。ありがたいことです。たくさんの政治家を知っていることは、業務を理解してもらい、情報や依頼を受けるに当たっても、役に立ちました。

2001年に行われた中央省庁改革を担った、中央省庁等改革推進本部での勤務も、有用でした。そこで全省庁と付き合い、各省と民間からの混成部隊を動かす経験を積むことができました。一般の方々は、国家公務員なら皆同じとお思いでしょうが、府省によっていわゆる社風が異なるのです。もちろん民間の仕事の作法とは、違うところも多いです。それらの職員を束ねて力を発揮させるには、それなりの技能が必要です。当時事務局で一緒に仕事をした官民の「チーム岡本」のメンバーには、その後もさまざまな形で助けてもらっています。特に、山下哲夫企画官（当時、現・内閣官房行政改革本部事務局次長）と、福井仁史企画官（当時、現・内閣府大臣官房審議官）の2人は、私が被災者生活支援本部事務局次長に指名された際に、連休中にもかかわらず直ちに駆けつけてくれて、課題の整理と組織づくりをやってくれました。

ここでは一人ひとりの名前を挙げませんが、多くの職員のすばらしい活躍があったので、被災者生活支援本部は成果を出すことができたのです。

●――責任者の役割

被災者生活支援本部での私の役割は、わかりやすく言えば、次のようなことでした。

政務職からの指示や問い合わせとともに、さまざまな人や組織から、「誰に伝えればよいのかわからないのだが」という情報提供や問い合わせが、私のところに入ってきます。これは暗がりの中の灯台の機能です。それらの問い合わせと情報を、それぞれの担当者に割り振ります。これは電話交換手の役割です。割り振れば、担当者が処理してくれます。

もう一つは、全体を見渡して、何か落としていることがないかを考えることと、現地の状況を想像して、次に何をしなければならないかを考えることです。そして、これらの課題を整理し対応策を考えて、一覧表にして内外に示すことです。職員や関係者に、いま何が課題で何をしているか、今後何をしなければならないかを、共有してもらうのです。当初は職員みんなが見えるように白板に書き込み、その後は紙にして配るとともにホームページに載せることで、より広くの人が見えるようにしました（「現地の課題と生活支援本部の取組」）。これも、大枠を私が考えて示せば、部下たちが考え、穴を埋めて資料を完成させてくれました。

また、取り組むべき課題に優先順位を付け、部下に指示することです。それら課題ごとに担当者を決め、必要な人員を付けることです。職員が足らないときは、集めてきます。それはまた、その裏側として、あることを後回しにしたり、断念することでもあります。これには、依頼者や情報提供者に、「申し訳ありませんが、現時点ではできません」とお断りを言うことが付随します。

それらを考えていると、夜に布団に入っても、いろいろな課題やアイディアが次々と頭に浮かんできます。朝も早くに目が覚めて、あれこれ考えます。そこでさっさと出勤して、それを指示書に書いて、職員が出勤する前に彼の椅子の上に置いておきます。職員たちが出勤する頃には、私は一仕事を終えています。毎日がその繰り返しでした。

ところで、私自身が仕事を抱えて忙しくしていてはダメです。職員は忙しくても、私は時間と仕事に余裕を持って、次々と生まれる突発事項に対応し、次の進め方を考える余裕を持たなければなりません。もっとも、こんなことが言えるようになったのはしばらくしてからで、当初は睡眠時間も短く、昼食と夕食を食べそびれることもしばしばでした。現地に入っていた後輩職員から後に、

「困って全勝さんに電話で相談したのを覚えておられますか。あのとき、『忙しい』といって相談に乗ってくれない全勝さんを、初めてみました」と苦情を言われたこともありました。(注8)

4　組織を進化させる

(1)　変化する課題、進化する組織

現地の状況は、時間とともに変化しました。課題は、当初の被災者の救助と避難所生活の支援から、仮設住宅の建設と引っ越し、そしてインフラの復旧、新しい町づくりの計画作成、高台移転工事や公営住宅の建設、街並みの再建へと移っていきました。その間、仮設住宅住まいが長期化するので、避難者の健康維持や孤立防止という課題も出てきました。

被災者支援や復興は、国が現地で自ら実施するわけではありません。復興の主体は、住民であり自治体です。現地では解決できないこと、すなわち財源、ノウハウ、人材などを国が支援します。職員が不足する被災自治体への職員応援も必要であり、高台移転などについても、経験のない自治体に対してノウハウを伝授する支援が必要でした。

国の組織は、復興対策本部を経て、復興庁になりました。課題が見えてきて仕事が増えるに従って、職員数も急激に増やしました。内部組織も改編を繰り返し、当初は班を頻繁に変更していました。人数も増えるので、毎週のように机の配置換えも行っていました。国の組織は硬直的だと批判

されますが、復興に関しては違いました。(注9)

復興庁本庁は、職員約170人で発足しました。2015年時点では、事務次官の下に、統括官（局長級）3人、審議官1人、参事官（課長級）30人、職員約300人になっています。3県に置いた復興局も、当初約90人が、現在では約400人になっています。合計700人の大組織です（それぞれ常駐職員数です。このほかに各府省に併任をかけている職員がたくさんいます）。

庁内では、取り組むべき課題を整理して、政策体系と施策群をつくります。その課題や施策群に対応させて、班をつくりました。インフラ班、被災者支援班、復興交付金班などです。班長は参事官で、班は各省でいえば課です。仕事がどんどん変化するので、柔軟に変更できるように班にしてあります。また、限られた人数でたくさんの課題を処理するため、参事官は1人で複数の班長を兼ね、職員は1人で複数の班に所属しています。班をまとめて、局相当の組織をつくりました。統括官組織です。3統括官と1審議官にまとめています。総括と被災者支援担当、インフラ復旧担当、原発からの復興担当、予算と産業復興と「新しい東北」担当の4つです。

現地との関係では、3県に復興局と支所を設置し、被災自治体の職員が東京まで来ることなくワンストップで対応ができるようにしました。本庁の職員も、自治体職員を東京に呼ぶのではなく、自ら現地に出かけていって自分の目で見て、関係者と議論しています。

ところで、被災者生活支援本部や復興対策本部は、それぞれ内閣府と内閣に臨時に設置された組織です。大臣や職員は、ほかの職と兼務したりほかの職に席を置きつつ、この仕事に従事します。本部そのものは会議体の形をとり、その事務局が実務を担うことになります。それに引き換え復興庁は、10年という期間限定ですが、一つの役所です。1府12省庁ある府省に追加された組織です。兼務でなく専任の職員を一定期間配置することで仕事が継続でき、先を読んだ仕事をすることができます。また、各省に指示を出すことができる権限を与えられ、各省よりいわば格上の位置づけを与えられました（図表1―2）。

(2) 司令塔機能

国においては復興庁が司令塔となり、現地の状況や要請を踏まえ、関係府省庁と解決方向を決め、指示を出したり助言をします。それに沿って、各府省や自治体が実際の仕事を進めます。復興庁が自ら行うと二重行政という形になって、その間の調整が必要になり、混乱と非効率を引き起こしかねま

図表1―2　復興庁の位置づけ

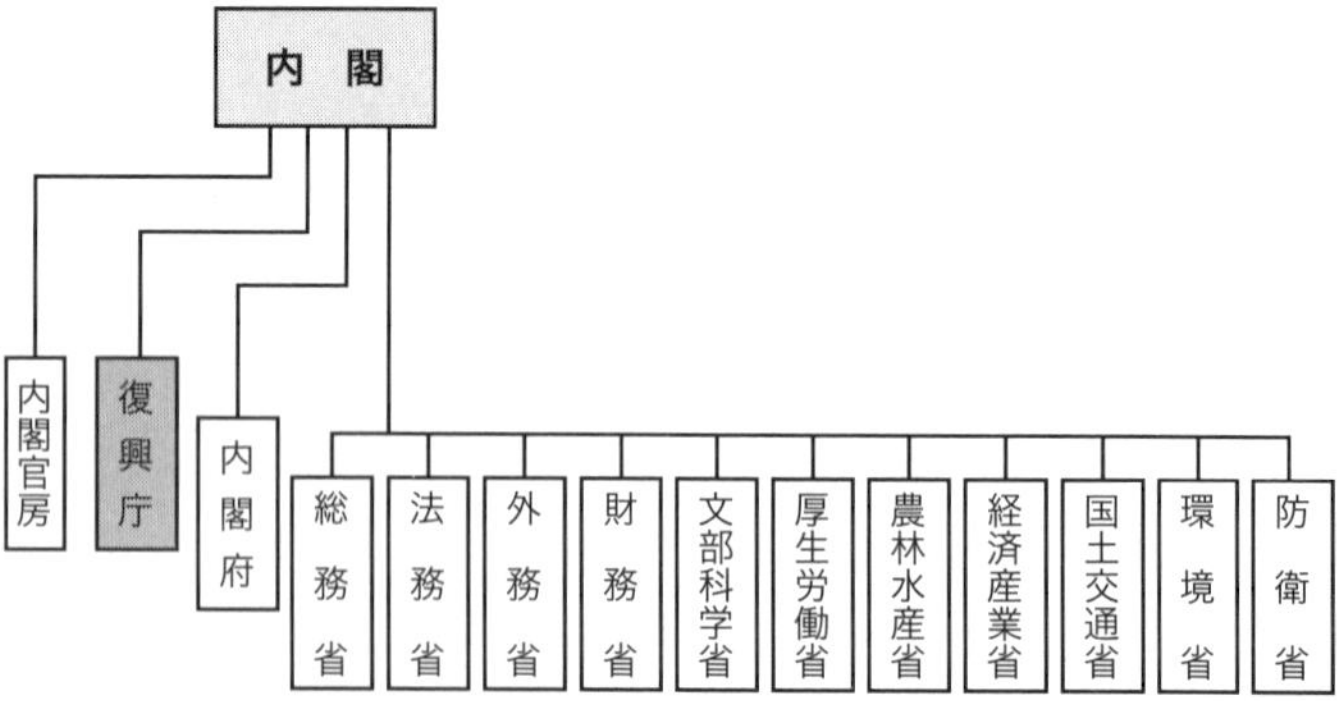

せん。しかし、被災地の復興に関することなら何でも、復興庁でひとまず引き受けます。そして、実務を行う現地や関係府省との意見交換や事業の調整を行います。復興庁は全体を把握し、遅れている課題や漏れ落ちている課題に、手を打たなければなりません。

このような組織を運営する際の要点は、何が課題かを見定め、それについて明快な目標を示し、実現するための工程表をつくることです。先に述べた被災者生活支援本部と同様ですが、範囲がより広くなり期間も長期になります。

復興庁では、復興の課題と任務をわかりやすく整理し、随時公表しています。発災から5年経った時点では、「3＋1＋1」に整理しています。最初の「3」は、インフラ復旧と住宅再建、産業と生業《なりわい》の再生、避難者の健康とコミュニティ再建です。他方、原発事故被災地では全く状況が異なり、これが「＋1」です。もう一つの「＋1」は、この地域を単に元に戻すだけでなく、活力ある地域することです。「新しい東北」と名づけています。これらを関係者や国民に示し、理解を共通にしてもらおうとしているのです。

インターネットが普及したので、これらをホームページで簡単に公表することができるようになりました。「わかりやすい」と、関係者からは評価してもらっています。事態と対策がどんどん変化するので、ホームページに載せている資料も、随時見なおす必要があります。それを怠ると、what's newがすぐにwhat's oldになってしまいます。また、今後の参考とするため、これらを記録として残すようにしています。

現場の状況が、どんどん変化していきます。それにつれて課題も、いわば3か月ごとに変わっていきました。地域によっても、進度の差が出てきます。現場の課題を吸い上げ、次の手を打つ必要があります。去年はもちろん、3か月前と同じ仕事をしていては、現場の要求に応えられないのです。この仕事は、「前年どおり」が使えません。事態の進展に従って、目標と工程表を変える必要があります。しかし、事態の変化を後追いしていては、対応が遅れます。先を読んで課題を把握し、前もって目標と工程表の変更を準備することが重要です。

また、全体を見渡した優先順位付けもします。復興段階に入った当初、「復興庁は査定庁だ」との批判がありました。復興交付金の申請をしても、認められない場合があるというのです。これには、理由があります。各地から出てくるさまざまな要求のうち、住宅再建を優先し、逆に、文化会館など箱物建設や公園整備などは、後回しにしたのです。避難者が求めていること、そして急ぐべきことは、住宅再建でした。役場の能力にも建設業者の能力にも限りがあり、すべてを同時に行おうとすると、住宅再建が遅れます。さまざまなそして膨大な復興事業を前にして、まずは住まいの再建を優先する。この方針については、大島理森・自由民主党復興加速化本部長（当時、現・衆議院議長）の強力な助言がありました。

あるいは、原発被災地域での復興も、当初はすべての地域で全員に早期に帰還してもらうとの方針を掲げていましたが、状況が判明してきたので方向転換し、早期に帰ることができる地域の人、帰還をしばらく待ってもらう人、新しい生活を選ぶ人に分けて、対策をとっていくことにしました。

私は当初、復興庁という組織をつくらなくても、復興対策本部で十分対応できると考えていました。しかし、本部と庁とでは、大きな違いがありました。本部は、各省を束ねる会議体です。それらの仕事の調整はできます。しかし、庁という行政機関をつくることで、本部制より次のような点に利がありました。

○各府省から独立して復興に関する統一思想をつくること
○全体を見て、各府省の所管から落ちてしまっていることがないか見ること
○各府省の横並びから離れて、諸課題に優先順位を付けること
○職員も腰を落ち着けて仕事ができること、など

⑶　国民の理解を得る

司令塔として、もう一つ重要な仕事があります。それは、私たちがどのように課題に取り組んでいるか、また仕事がどこまで進んでいるかを、関係者や国民に理解してもらうことです。皆さんの理解がないと、仕事を進めることはできません。

復興には、たくさんの関係者がいます。避難生活を送っている人たち、被災地で事業再開に頑張っている人たち、自治体、復旧工事に携わっている企業や、支援に入っている企業やＮＰＯの人たちがいます。この人たちに、現状と将来の見通しを示すことが重要です。住民は、先が見えないと不安になります。また、支援者に協力してもらうためには、どこまで工事が進んでいるか、現地では何が求められているかを示すことが必要です。

政府関係者も、たくさんいます。また、与野党の国会議員に理解をいただくことも重要です。与野党に置かれている復興加速化本部とは、意見交換や調整が必要になります。さらにマスコミ、有識者、そして国民の理解も必要です。

復興の進め方について、異論を持っている人もおられます。それは仕方のないことです。しかし、現場を知らずに、あるいは無理解で批判をされることは、困ります。例えば、「復旧が遅れている」という批判があります。「阪神・淡路大震災の時は、3年も経てば仮設住宅はなくなっていた」とか「いまだに津波被災地は更地のままで、復旧していない」とかです。

これらは、一見もっともな批判にみえますが、この人たちには、阪神・淡路大震災と東日本大震災とでは条件が大きく違うことを、理解してもらえていないのです。阪神・淡路大震災では、がれきを片付ければ、元の場所で住宅を再建することができました。他方、津波被災地では、元の場所に家を建てることは危険です。高台に移転するのか、現在地をかさ上げするのか。住民たちが議論をして計画をつくってから、工事に着手しています。時間がかかるのです。他方で、津波で浸水した地区は、がれきを片付けたままの状態になっています。そこには住宅は建てないのです。そして、新しい地区での住宅建設を急いでいるので、跡地の利用計画は後回しにしているのです。

どこまで事業が進んでいるか、何が支障になっているか、それらを理解してもらうことも、私たちの大切な仕事です。なぜ遅れているのかを理解してもらえば、的外れな批判はなくなります。この点で、以前には「進んでいない復旧」だとか「縦割り行政で現場が困っている」といった「役所に対する定番の批判記事」もありましたが、最近は現地を取材しての的確な記事が多くなったようです。ありがたいことです。

ところで、「防潮堤建設や高台移転工事に巨額の税金を投入せず、被災者に一定の金額を渡して移住してもらった方が安い」と言う人もいます。しかし、ふるさとで暮らしたい人の思いと経済合理性を比較することは、不可能です。そして、日本国民と政府は、「ふるさとを再建したい人たちを、できる限り支援する」ことを選びました。これは、日本の民主主義であり、この国のかたちです。チェルノブイリ原発事故の際に強制移住をさせた旧ソ連や、ハリケーンなどの大災害の際に各人の自己責任に委ねる米国とは違います。(注10)

第2講 初めての支援と新しい制度

今回の災害は被害の大きさや被災地の広がりなど、これまでの制度では対応できない点も多く、新しい制度をつくったり、既存制度を弾力的に運用したりしました。東京からの視点でなく、被災者の目線や市町村役場の立場に立つと、さまざまな支援が必要だということが見えてきたのです。

そこで第2講では、主なものを分野別に紹介します。たくさんの事例が並びますが、当時の被災地と被災者の状況を思い出しつつ読んでいただければ、私たちの問題意識がどのように広がっていったかを、追体験していただけるのではないかと思います。

1　きめ細かな支援

まずは、避難所と仮設住宅での、きめ細かな支援です。

(1)　避難所での被災者支援

先に述べたように、国が直接に緊急物資の提供を行いました。被災地から要請を受け、物資を調

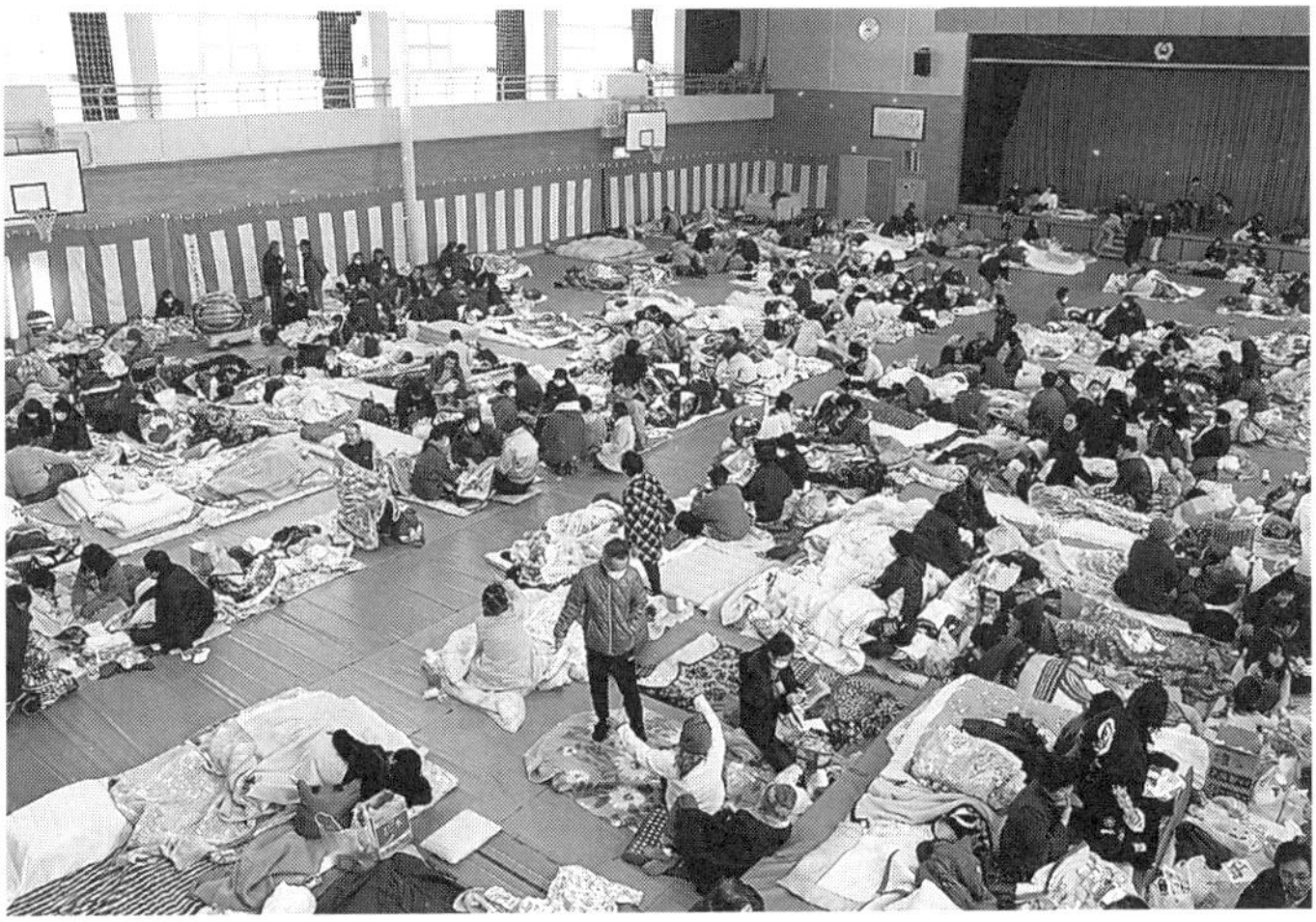

避難所の風景（写真提供：南相馬市）

達して、被災県の供給拠点まで届けました。多量に送ったため、物資が供給拠点で滞った際には、民間の物流業者の専門家に協力を依頼し、さばいてもらうこともしました。4月下旬には、県庁で対応が可能となったので、緊急物資の調達と配送業務は、県庁に移管しました。

国が約1か月間に提供した支援物資は、食料品、飲料水、燃料、衣料、医薬品のほか、仮設トイレ、トイレットペーパー、歯磨きセット、おむつ、生理用品、ウエットティッシュ（お風呂代わりに体を拭きます）、ストーブ、台所用品、洗濯機など電気器具、消毒剤、避難所の間仕切り（プライバシーの確保のためです）などさまざまなものがありました。食料は約2600万食、燃料は1600万リットルに上りました。(注11)

避難所での生活を改善することも行いました。食事は、当初はおにぎりとパンでしたが、毎日同じものが続くと飽きてきます。栄養的にも良くありません。暖かいものや野菜を食べてもらえるように、準備ができたところから、炊き出しや調理ができるようにしました。少しでも過ごしやすくするために、体育館の床に畳やマットを敷き、プライバシーを保てるように間仕切りも送りました。それでも疲れがたまります。そこで、旅館などに一時的に避難してもらい、疲れをとってもらうこともしました。

発災1か月後に、3県の避難所約1000か所を対象に、簡単な実態調査をしました。食事の内容、下着と洗濯、プライバシー確保、医師や保健師の巡回、入浴、トイレなどの状況です。現地に負担をかけないように簡単な調査票にしましたが、回答率は3割でした。回答があったのは状態がよいと考えられる避難所ですが、それでも、温かい食事を食べていない、着替えの下着がない、洗濯ができないといったところがありました。

被災者への支援情報の提供も行いました。停電が続く地区も多く、テレビやインターネットが使えないので、避難生活や生活再建に役立つ情報を、壁新聞をつくって避難所などに張り出したり（約4000か所）、ハンドブックにして配布（合計170万部）して届けました（図表1―3）。千代幹也・内閣広報官（当時）が中心になって、やってくださいました。避難所までは、当初は自衛隊に届けてもらいました。また、さまざまな心配事の相談会などを斡旋しました。遺産相続、保険金の支払い、借金の返済猶予、健康相談などです。

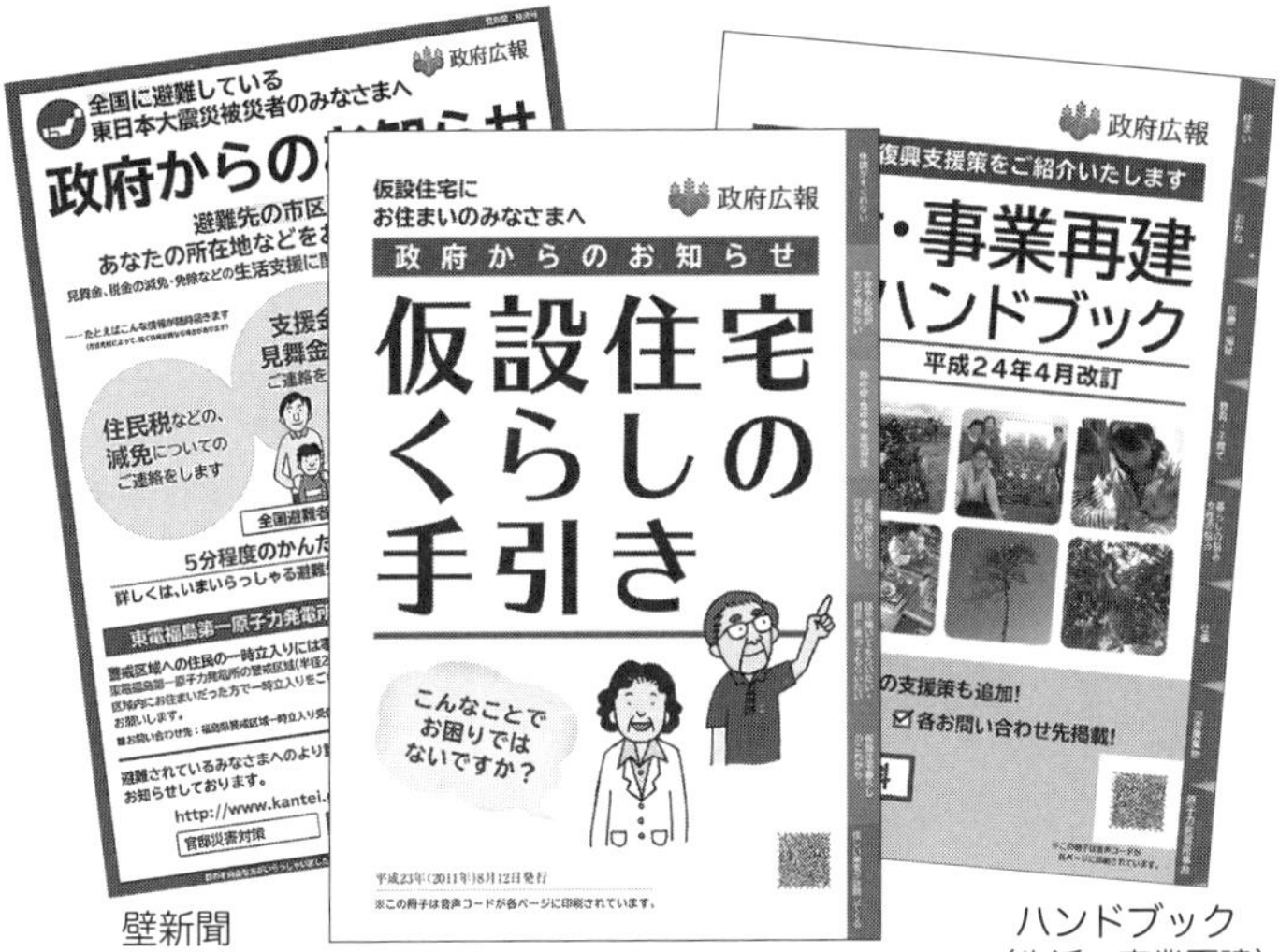

壁新聞

ハンドブック
（仮設住宅暮らしの手引き）

ハンドブック
（生活・事業再建）

図表１−３　避難所に貼った壁新聞やパンフレット

⑵　全国の避難者の把握と支援

原発事故避難者は、全国に散らばりました。その人たちの所在を把握するために、全国のコンビニエンスストアの協力を得て、避難先を自治体に届けてもらうよう、店頭にポスターを貼ってもらいました。おかげで、避難者が北海道から沖縄まで47都道府県の約１２００の市区町村に所在していることがわかり、その後のいろいろな対策を避難先の人たちにも伝えることができるようになりました。全国には約１７００の市区町村があるので、３分の２の自治体におられるということです。２０１２年３月時点で約34万人の避難者のうち、３県（岩手、宮城、福島）以外の県に７万５０００人おられました。

そして、住民票を移さなくても、避難先自

治体で同様の行政サービスを受けることができるように、法律をつくりました。その後も、全国の自治体の協力を得て、避難先市町村ごとの避難者数を把握し、毎月公表しています。また、これまでは統一的に把握していなかった災害関連死者の数も、半年に一回とりまとめて公表しています。

仮設住宅団地

(3) 仮設住宅の提供

なるべく早く避難所から住宅に移ってもらえるように、仮設住宅の建設を急ぎました。２０１１年秋には、５万２０００戸の応急仮設住宅（プレハブ仮設住宅）ができあがりました。これは、建設業界の協力のおかげです。用地確保や建設の支援のため、国土交通省職員を被災県に派遣しました。

このほか、空いていた公営住宅などを提供するとともに、民間賃貸住宅を借り上げて応急仮設住宅として提供しました。これまでの災害では、借り上げ住宅は限定的にしか使っていませんでした。しかし、必要な仮設住宅の戸数が膨大になり、建設に時間がかかることと、また建設用地の確保が難しいことから、民間借り上げ住宅を積極的に活用しました。その数は、6万3000戸にも上り、プレハブ仮設より多かったのです。その結果、当初47万人に上った避難者は、半年後には一部の人を除いて、住宅や仮設住宅に移ってもらえました。

仮設住宅の建設に際しては、バリアフリーを考慮しました。その後も住民の要望を受けて、暖房機能のために壁に断熱材を入れたり、玄関に風除け室を設置し、風呂の追い炊き機能の追加なども行いました。

2　新しい政策

次に、緊急事態が終わったあとの、復旧と復興段階での新しい政策の数々です。

(1)　がれき処理、インフラ復旧

津波被災地では、膨大ながれきが残されました。3県で合計約3000万トンと推計しています。ある町では、通常の年の処理量の100年分に相当する量に上りました。そこで、国が市町村に代わって処理できるように、法律改正を行いました。自治体が私有地のがれき片付けを行うことを可能にするために、緊急的な指針もつくりました。がれきとはいえ、他人の土地にある所有者のわからないモノを片付けるのです。壊れた家の残骸だけでなく、自動車や金庫、位牌や写真などもあります。所有者を探して同意をとっていては、作業が進みません。通常の手順を踏まなくてもよいことを示す必要があったのです。

分別した後、仮設焼却場をつくって処理を進めました。岩手、宮城両県で34か所にもなりました。県外の自治体にも、処理を引き受けてもらいました。処理費用については、国庫負担率を引き上げ、それ以外の部分も国が支援して、自治体負担をなしにしました。

道路や堤防、上下水道などインフラの復旧作業については、市町村ごとに工程表を作成し、進行を管理しました。またそれを公表することで、住民などに見通しを持ってもらいました。国庫負担金の申請手続きを簡素化して、いち早く工事に着工できるようにしました。また、これも国庫負担率を引き上げ、残る部分も国が支援して、自治体負担をなくしました。

(2) まちづくり、住宅再建

通常の災害復旧では、壊れた道路や学校などの公共施設を元の状態に戻せばすむのですが、津波被災地では、同じ場所に復旧すると危険です。再度津波が来るおそれがあること、地殻変動で1メートルも地盤沈下しているところもあるのです。多くの地区で住民たちは、防潮堤を高くするとともに、町を高台に移転したり土盛りをしてかさ上げすることを選びました。町を新しくつくりかえるのです。元の状態に戻すことを「復旧」と呼び、それ以上の対応を行うことを「復興」と呼んでいます。

高台移転の手法としては、これまであった防災集団移転促進制度（崖崩れ近くの住宅移転などの場合に使います）を活用し、現地でのかさ上げには、区画整理の手法を使うことにしました。それぞれ、使い勝手が良いように改良しました。また、被災した市町村役場は、そのような大規模な事業をした経験がありません。そこで国土交通省の職員や、知識と経験がある独立行政法人・都市再生機構（UR都市機構）の職員が、応援に入っています。

事業の手続きを効率化するために、法律で復興特区制度をつくり、土地利用再編のために必要な許可の特例や、手続きのワンストップ処理を可能にしました。また、公共施設や公営住宅建設などの復興事業を一括して実施できるように、個別の補助金を束ねて復興交付金制度をつくりました。これによって、国庫補助金申請が効率化され、またそのほかの財源手当と併せて、自治体負担なしで事業ができるようにしました。これは画期的な制度でした（復旧事業についてはすでに事業が始まっていたので、一括交付金にはしませんでした）。工事が進むにつれ、資材や賃金が高騰しました。そこで設計単価を大幅に引き上げて、工事に支障がないようにもしました。

通常の工事では、土地のかさ上げ、道路建設、上下水道工事、宅地造成などそれぞれの工事ごとに、調査、設計、施工を入札にかけて実施します。今回はいくつかの地域で、コンストラクション・マネージメント方式（CM方式）を採用しました。これは、ある地区の複数の事業を、調査・設計から工事施工まで一括して発注する手法です。これによって、市町村役場の事務作業を、大幅に削減することができました。

復興事業にあっても、復旧事業と同様に、工程表や目標をつくって公表しています。また、市町村や復興庁のホームページで、定点観測的に工事現場の写真を見ることができます。誰でもどこからでも、工事がどこまで進んだかがわかるように工夫しました。

住宅再建は個人の責任ですが、現在では自力で再建する人に、被災者生活再建支援金が支給されます。これは、阪神・淡路大震災後につくられた制度で、その後、金額も引き上げられ、全壊して住宅を再建する場合は300万円、補修する場合は150万円が補助されます。2015年秋の時点で、約19万世帯に支給されています。

高台移転では、宅地造成までを行政が行い、その上に各自が自宅を建設します。計画は約2万戸です。また、自分では住宅を再建できない人のために、災害公営住宅を建設しています。計画は約3万戸です。

⑶　産業再生

まず、津波や地震で壊れた工場や商店を早急に再開してもらえるように、仮設工場や仮設店舗を建設し、無料で貸し出しました。事業者は、ひとまずこの店舗や工場を借りて、商売や生産を再開できたのです。総数は500件以上に上り、仮設の商店街は27市町村に68か所もつくりました。そして1年後には、施設を無償で市町村に譲り渡しています。

また、被災した中小企業が事業を再開できるよう、共同で事業を再開する際には、施設・設備復旧費の4分の3の額を補助しています。対象は1万社・者に上ります。関係者の間では、「グループ補助金」と呼ばれている制度です。個別の会社の復旧を支援するのではなく、地域の産業集積やサプライチェーンを復旧させることを目指したのです。

このような産業支援は、これまでに行ったことがありません。従来は、事業の再開は、事業者の自己責任という考えでした。事業者への補助金は資産形成になるという理屈で、補助金は認められなかったのです。先端技術の普及や業界の合理化には補助金は出ましたが、復旧には政府は低利融資をしただけで、無償での施設の提供や施設・設備復旧への補助はしていませんでした。しかし、津波被害を受けた三陸の沿岸部では、日用品を買いに行こうにも、町が流され商店がありません。隣町も流されています。商店がないと、住民は生活ができないのです。また、商店や工場は、住民が働く場です。事業主が高齢になり、この災害を機に閉店しようという方もおられます。しかし、従業員にとっては大切な働く場であり、町の賑わいの基礎です。

公費によって事業の再開を支援して働く場をつくるのか、何もしないで失業者を生んでよいのか。働くことで生き生きとした生活を取り戻してもらうのか、することがなくなった人たちは生活保護の対象となってしまうのではないか。少々極端な説明ですが、その違いを想像してください。今回の仮設店舗の無料貸し出しや中小企業の施設・設備復旧補助金の創設は、中小企業庁と財務省の英断でした。被災地での事業再開への支援の哲学を変えたのです。

また、事業を再開しようにも、すでに借入金を抱えていて、その上に新たな借金をすることは難しい事業主もいます。土地は抵当に入っていて、建物は借金を残したまま流されています。金融機関も、新たな融資を嫌がります。そこで、二重ローン対策のために、「産業復興機構」と「東日本大震災事業者再生支援機構」をつくり、事業主と金融機関の相談に乗って、旧債務の返済の軽減を支援しています。

被災地に企業立地を進めるため、復興特区制度をつくって、税の特例や利子補給をしています。課税の特例に指定した事業者の数は約2900社、それによる投資見込額は1・7兆円、雇用予定数は13万人です。利子補給制度を受ける事業者の数は約100社、その投資見込額は7000億円、新規雇用予定数は約6000人です（2015年秋）。企業立地補助金もつくりました。合計で約800件を超える事業を支援しています。

ところが、施設や設備が復旧したのに、売り上げが戻っていない業種もあります。例えば、水産加工業です。漁船も漁港も加工場もほぼ復旧したのに、売り上げが戻っていません。これは、生産が復旧するまでの間に、取引先の商店の棚には、別の産地の製品が並んだからです。その棚を取り戻すには、より質がよくてより安い商品を、つくらなければなりません。これは、国庫補助金を配っただけではできません。そこで復興庁が、被災した中小企業と支援してくれる大手業者とを引き合わせる「お見合い」の場をつくって、販路開拓、ノウハウの提供、新商品の開発の協力をお願いしています。自動車会社のトヨタが助言に入ったことで、生産効率が2割向上した水産加工場もあります。

高台に町が再建されると、そこに商店街を復興させる必要があります。仮設店舗から引っ越しして、本設の店舗にするのです。これも、各事業者には重い負担なので、復興庁が経済産業省や専門家と一緒に現地に入り、商店街復興の計画づくりや共同店舗をつくる際の支援をしています。

(4) 雇用の確保

雇用創出基金（リーマン・ショック時につくった雇用助成制度）を拡充し、被災者を臨時雇用して働く場を提供しました。これを利用して、手が足りない役場の事務補助、がれきの片付け、仮設住宅の見回りなどをしてもらいました。３県合計で、11万人の雇用を生み出しました。また、震災で離職した人を雇用する事業主に助成金を出して、雇用を支えました。これによって、３県で12万人の雇用が確保されました。前で述べた事業の再開支援とともに、被災地に働く場をつくったのです。

(5) 原発災害からの復興

津波被災地では、進度に差はありますが、復興へのめどが立っています。他方、原子力事故はまだ収束しておらず、多くの地域で復旧ができずにいます。津波被災地では津波が引くと、がれきを片付けて復旧作業に入りました。他方、原発事故では廃炉作業が30年以上続く見通しであり、まき散らされた放射性物質は取り除くことが困難な地域もあります。放射性物質を津波の水に例えれば、原発被災地ではまだ「水」が引いていない状況なのです。そのため当分の間、避難指示が解除できず、復旧や復興ができないままの地域があるのです。

原子力事故については、発電所内では廃炉作業を行い、発電所の外では除染や避難指示区域の解除といった、自然災害とは違ったこれまで経験したことのない、あと片付けが行われています。これらは、東京電力と政府という、事故を起こした者による事故処理です。

図表1―4をご覧ください。右欄

図表1―4　大震災対策の政府の対応（2016年）

	原発事故による災害	地震・津波による災害
直後の対応	【原子力災害対策本部】 本部長：内閣総理大臣 副本部長：内閣官房長官、経済産業大臣、環境大臣、原子力規制委員長 事務局：内閣府（原子力防災担当）福島原子力事故処理調整総括官 〈直後の対応〉 ・避難指示　・炉心の冷却、注水作業 ・救出・救助　・避難所支援、物資補給	【緊急災害対策本部】 本部長：内閣総理大臣 副本部長：内閣官房長官、防災担当大臣 事務局：内閣府（防災担当）等 〈直後の対応〉 ・救出・救助・捜索 ・避難所支援、物資補給、仮設住宅建設 ・ライフラインの応急復旧
現在の取組	〈現在の取組〉 ・廃炉・汚染水対策・避難指示区域の見直し ・賠償　・原子力被災者生活支援 【環境省】 ・廃棄物処理、除染・中間貯蔵施設の整備 ・モニタリング（関係省庁：農水省、厚労省、原災T、文科省） ・放射性物質汚染に関する安心・安全の確保（リスコミ）（環境省、文科省 等） 〈くらし〉 ○長期避難者対策（町外コミュニティ等）、早期帰還支援 〈インフラ整備〉 ○避難指示区域等における公共インフラの復旧	【復興庁】 〈くらし〉 ○被災者支援（健康・生活支援、本格住宅への移転支援等） 〈インフラ整備〉 ○住宅再建・復興まちづくり 〈産業・生業〉 ○産業復興 ○雇用確保 ○農林水産業の再開

が、地震・津波災害についての政府の担当組織と対応です。上が発災直後であり、下が現在です。地震・津波の災害と救助はすでに終わっており、復興の段階に入っています。緊急災害対策本部は存続していますが、すでに主たる任務は終えています。

左欄が、原発事故についての政府の担当組織と対応です。原発事故はまだ終わっていません。原子炉の廃炉作業が続いていて、これには30年がかかると言われています。東電による賠償や環境省による放射性物質の除染作業が続いています。避難指示はまだ出ていて、区域見直しが進んでいますが、すべての区域の避難指示が解除されるまでには長い時間がかかります。ここまでが事故処理であり、原子力災害対策本部の仕事です。避難指示が解除されたところから、あるいは解除の準備のために、復興庁が市町村とともに地域の復興作業に取り組んでいます。

図表1―5が、避難指示の状況です。左側が2013年8月時点のものです。避難指示は事故直後から次々と区域が拡大されたのですが、緊急時避難準備区域（第一原発から半径20キロメートルから30キロメートルの範囲。住民に対して、いつでも屋内退避や避難が行えるように準備をしておくことを求めた区域）は、2011年9月に解除されました。しかしこの区域も、住民がいったん区域外に避難しました。2013年8月に避難指示区域の見直しが完了し、避難指示解除準備区域、居住制限区域、帰還困難区域の3つに分類されました。

避難指示解除準備区域は、年間積算線量が20ミリシーベルト以下になる地域で、住民が帰還できるように環境を整備します。居住制限区域は、年間積算線量が20ミリシーベルトを超え、引き続き避難を継続しています。20ミリシーベルト以下となれば、避難指示解除準備区域に切り替えます。この2つの区域は、夜間宿泊は禁止していますが、日中の立ち入りや活動は可能です。帰還困難区域は、年間積算線量が50ミリシーベルトを超える地域で、5年間を経過してもなお20ミリシーベルトを下回らないおそれのある地域です。ここは、住民を含めて立ち入り禁止として、境界はバリケードで囲ってあります。図表1－5の右側が2015年9月時点で、楢葉町や川内村、田村市などで避難指示が解除されています。引き続き、避難指示解除準備区域で、避難指示解除のための準備が進められています。

図表1－5　原発事故避難指示区域

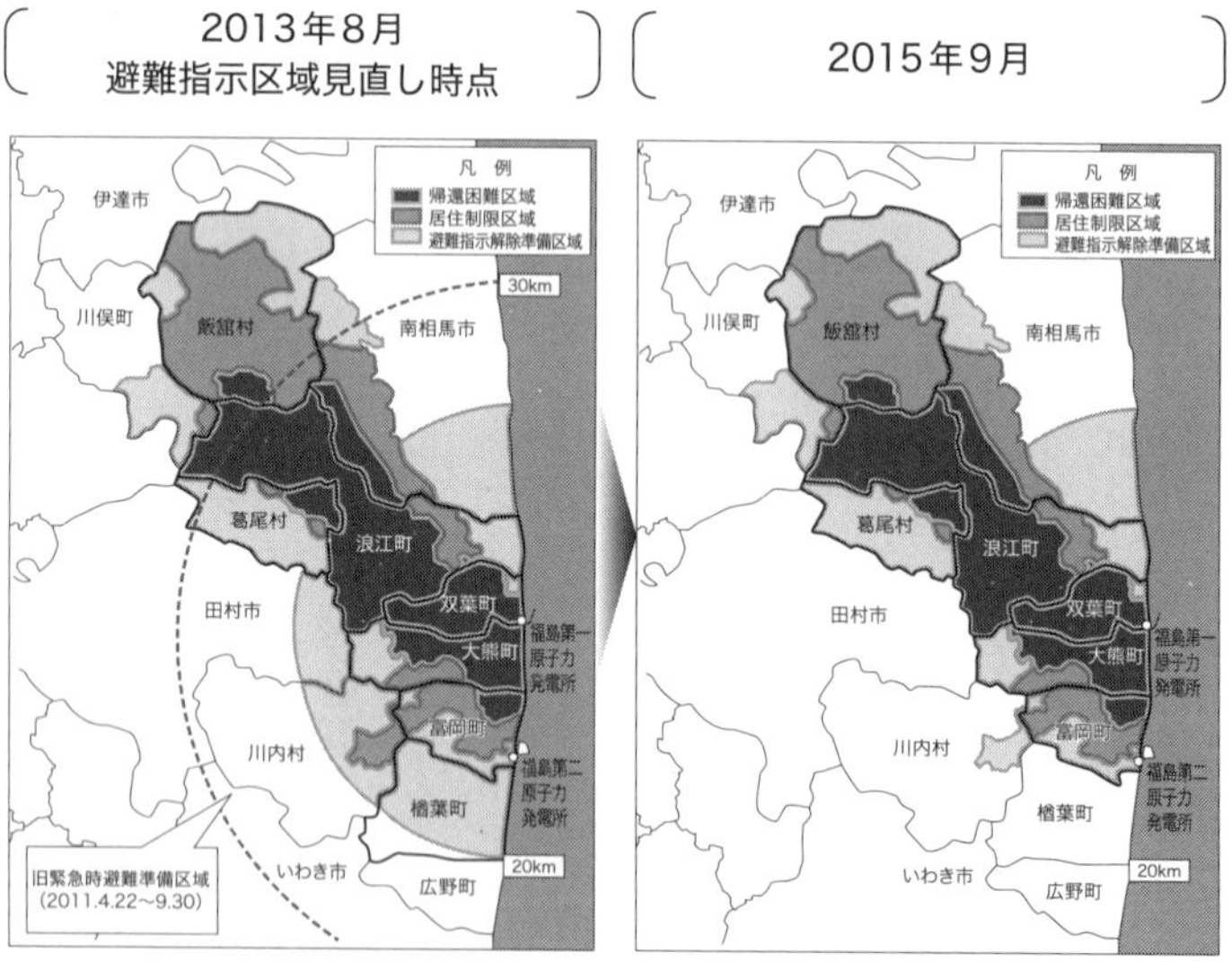

復興についても、避難が長期化すること、あるいは避難が解除された場合でも放射線への不安で戻らない人がいること、インフラは大きくは壊れていないものの長期間住んでいないことから自宅などが使えない状況にあることなど、自然災害からの復興とは違った条件にあります。

当初、政府は避難者全員の一日も早い帰還を目指していましたが、放射線量の違いによって、早期に帰還できる地区と、長期にわたって戻ることのできない地区があることがわかってきました。そこで、帰還可能な地区から、帰還してもらう準備をしています。長期に待つ人のためには、町外でまとまって待っていただくためのコミュニティ（公営住宅）を建設しています。町全体では帰還できないところでも、町内の放射線量の低い地区に復興拠点をつくって、そこに帰還してもらうことを進めます。新しい生活を始める人には、賠償の一括支払いと就業や住宅の斡旋を行います。そのために、特例を定めた福島復興再生特別措置法や新しい交付金をつくり、県や市町村と協力しながら、作業を進めています。

原発事故で長期に避難した区域の住民に戻ってもらうのは、世界で初めてのことでしょう。チェルノブイリ原発事故では、被災地域は立ち入り禁止にして、住民は強制的に移住させられました。日本では、条件が整えば本人の意向で戻ってもらうことにしています。しかし、戻ってもらう場合でも、インフラが復旧しただけでは生活はできず、医療、教育、商店などの生活環境が必要なのです。町をもう一度新たにつくり直すということです。ところが住民が少ないと、商店や病院の経営が成り立ちません。他方で商店と病院がないと、住民は戻ってきません。そのような悪循環にならないように、商店や病院の再開を国が支援して、住民の帰還を進めています。

⑹　仮設住宅での被災者支援、新しい町でのコミュニティ再建

被災者には、仮設住宅を提供するだけでなく、孤立防止のために、仮設住宅団地で自治会の設立を応援しました。そのために、団地内に集会所をつくりました。９割の仮設住宅団地で自治会ができました。高齢者が多いことを考慮して、仮設住宅団地には、介護サポート拠点も設置しました。117か所に上ります。

また、阪神・淡路大震災などの経験を生かして、生活相談員による見守りを行っています。集会所をつくって、集まっておしゃべりをしたり、共同作業をしてもらうこともしています。「中高年の男性が仮設住宅で閉じこもりがちだ」といった現場の声を受けて、農作業やものづくりなどに参加する機会をつくる「心の復興事業」という施策も始めました。その際には、ＮＰＯなどの協力を得るとともに、支援者と地域をつなぐコーディネイトの仕組みもつくりました。

仮設住宅団地で自治会をつくったように、高台に新しい町をつくる場合も、公営住宅に入ってもらう場合も、新しくコミュニティを築く必要があります。さらに、これまで開放的な田舎の家に住んで、裏の畑を耕し、近所の人とお茶を飲んで話をしていた暮らしから、鉄筋コンクリートの３階

建て住宅に移ると、近所づきあいはさらに難しくなります。鉄製の玄関扉を閉めればプライバシーが守れるということは、裏返せば孤立するということです。コミュニティの再建支援のために、復興支援員を配置して、助言しています。

生活支援相談員は約600人、復興支援員は約450人を配置し、その経費は国が負担しています。こういった取り組みを支援するために、被災者支援の総合対策と総合交付金をつくりました。支援施策や予算がばらばらでは、現地ではわかりにくいでしょう。支援制度と予算を系統建てて示すことで、現地でも使いやすく、支援者にもわかりやすくなります。これらのほかに、各自治体では企業やNPOなどの協力を得て、さまざまな被災者支援を行っています。

(7) 自治体への支援

被災した自治体への支援も、多岐にわたっています。

すでに述べたように、被災者生活支援本部や復興対策本部、復興庁を設置することで、要望を一元的に受け付けることとしました。3県には出先機関として、現地本部や復興局をつくって、自治体からの要望をワンストップで受け付けることにしました。また、各復興局は被災自治体を回って、「御用聞き」を続けています。

被災自治体は、職員を津波でなくしたほか、これまでに経験したことのない分野のかつ膨大な事業に取り組んでいます。職員の総数が足らないだけでなく、大規模な工事などの専門家を持っていません。そこで、国が、国家公務員や臨時に雇った職員を応援に派遣しています。被災自治体も、職員を臨時に大量に採用して、事務を処理しています。これらの事務は数年で終わるので、採用形態も3年から5年の「任期付き職員」という制度を使っています。2015年では、約1550人が働いています。このような採用形態を本格的に活用したのも、これまでに例がありません。その職員費用は、国が負担しています。

まちづくりの際に諸手続を弾力的迅速に進めるために、復興特区制度をつくりました。復興のための関係国庫補助制度を束ね一本化するとともに、補助率を上げた復興交付金制度もつくりました。復興交付金には、関連する事業が実施できるように、自由に使える一定額を交付する仕組み（効果促進事業）も組み込みました。また、必要な予算を自治体に先渡しし、基金として積み立ててもらい、工事が翌年にずれ込んでも再度手続きをしなくても使えるようにしました。

あわせて、震災復興特別交付税をつくり、復旧と復興事業の自治体負担（国庫補助金の残り）を全額国費でみることにしました。通常の災害では、事業費の5パーセントを自治体が負担します。しかし今回のように、もともと財政力が弱い上に産業を失った自治体にとっては、各事業費の5パーセント負担であっても全体では巨額になり、復旧事業を進めることは困難です。なお、2016年度から（後期5か年）は、復旧と復興事業は引き続き全額国費とする一方で、他の地域にも共通する地域振興的事業については、一部に自治体負担を入れることとしました。その場合でも負担割合は、他の地域の20分の1としました。このほか、復興に関してなら何にでも使える基金の財源として、3000億円を自治体に配りました。

これらの新しい制度をはじめ活用できる仕組みを、県や市町村に理解してもらうことも重要でした。わかりやすい資料集をつくり、復興庁や復興局から出かけていって現地で説明会を開きました。実情を知るために、現地視察や現地での意見交換会もしばしば行っています。多くの国家公務員にとって、これは初めての経験です。普通は、東京の本省や全国8か所程度のブロックごとにある出先機関に、自治体職員に来てもらうのですから。その際には、現地で使いにくい点の指摘や新たにつくって欲しい制度などの要望をもらい、すぐに制度や予算の改善を検討しています。「現地で話を聞く」「意見を聞きっぱなしにせずに、ダメだったときも必ず答える」。これが、被災自治体との信頼関係をつくることができた要因だと思います。

ところで、「被災自治体に任せずに、国が自ら復興事業を行えば良い」と主張する人もおられます。例えば、「関東大震災のときの後藤新平・復興院総裁のように。国が大胆に線を引いて、事業をして……」というようにです。これは大きな誤解です。町の復興計画をつくるのは、住民であり首長であり議会です。「市役所の職員も亡くなり、まちづくりの能力に欠ける市役所もある。やはり国が出ていかなければ」とおっしゃる方もいます。その趣旨はわかりますが、住民や市役所の意向を抜きに、国が絵を描くわけにはいきません。市町村の求めに応じて、都市計画の専門家が必要なら送りましょう。財源が不安だったり規制緩和が必要なら、相談に乗りましょう。しかし、あくまで、主役は住民と自治体です。

大胆な都市計画をすれば復興ができる、というわけでもありません。その町が、今後どのように雇用と賑わいを保っていくのか。教育や福祉など、どのように住みよい町をつくるのか。インフラ整備だけでなく、住民の暮らしが重要です。立派な道路や施設をつくっただけでは、町の復興はありません。

(8) 復興増税

これらの事業執行に支障を来さないように、5年分をまとめて必要な財源を確保しました。当初の5年間（2011～2015年：集中復興期間）では25兆円、後期5か年（2016～2020年：復興・創生期間）を含めて10年間では32兆円です。なお、原発事故による放射性物質の除染などの経費は国が支出しますが、東京電力に求償するので、これには含まれていません。単年度予算主義で年度ごとに予算査定を受ける原則からすると、これも破格の扱いです。それを、復興庁が特別会計で管理し、一部を直接執行するほか、必要に応じて予算を事業担当府省に移し替え、事業を実施しています。

2015年6月に、前期5か年（実績は4年）を踏まえ、後期5か年の事業を見通し、財源見通しを立てました。10年間では、被災者支援（健康・生活支援）に2・5兆円、住宅再建とまちづくりに13・4兆円、産業となりわいの再生に4・5兆円、原子力災害からの復興に2・1兆円、その他（震災特別交付税など）に9・5兆円が必要と見込んでいます。これに対し財源は、財務省が、復興増税や歳出削減、日本郵政株式会社の株式売却などで確保してくれました。

このうち増税は、国税の所得税と法人税、地方税の住民税に上乗せする形で増税します。当初は10・5兆円と見込んでいました。復興特別所得税は、2013年から25年間にわたり、所得税額に2・1パーセントを上乗せします。これにより8・5兆円の税収を見込んでいます。復興特別法人税は、2012年から3年間、法人税額に10パーセントを上乗せすることとしました（その後、2年間で廃止されました）。増収額は、2・3兆円でした。住民税の増額は、2014年から10年間にわたり、住民税の均等割に、道府県民税、市町村民税を各500円（合計1000円）加算します。増収額は、0・8兆円と見込んでいます。

このように特定の政策のために臨時の増税をして財源を確保した例としては、第一次湾岸戦争の際に、多国籍軍支援の費用をまかなうための増税があります。1991年度限りで、法人税に上乗せする法人臨時特別税と石油製品などにかける石油臨時特別税の増税により約7000億円を確保し、日本の財政負担約1兆8000億円の一部に充てました。それに対し今回は、所得税や住民税として広く国民に負担してもらうこと、期間が長期にわたることが特徴です。

⑼　自治体による応援

今回の被災地支援の特徴の一つに、他自治体からの応援があります。消防や警察の広域応援、支援物資や義援金の提供といった支援はこれまでもありましたが、それらの支援のほかに、今回は一般職員の派遣や機能分担という形での応援が行われました。

まず、発災直後に多くの自治体から職員が応援に入り、避難所での世話や役場での業務を行いました。延べにして約9万人に上ります。また、全国の自治体が避難者を受入れ、避難所と生活物資を提供しました。被災した役場のホームページを代わって開設するなどの支援を行った自治体もありました。がれきを引き取って処理したり、全国に避難した原発避難者を受け入れ、公営住宅を提供するなどの支援もあります。

復旧・復興段階では、まちづくりのために、技術系職員も多く派遣されています。彼らは比較的長期間、例えば2年間滞在して、受入れ自治体の職員となって働いています。自治体間の職員応援は、自治体間の直接の協議だけでなく、全国市長会、町村会、総務省や国土交通省の斡旋によるものがあります。さらに、任期付き職員を採用した上で、被災自治体へ派遣している自治体もあります。2015年には、約2200人が派遣されています。

ところで、職員が長期間にわたり別の自治体で、しかも被災地という厳しい環境で、難しい仕事に従事します。すると、かなりのストレスがかかります。この職員たちの心の健康（メンタルヘルス）を支えることも必要になります。それは、応援職員だけでなく、被災自治体の職員、また新たに採用された任期付き職員も同じです。これまでに経験したことのない業務、被災者からの多岐にわたる問い合わせや要望への対応をしなければなりませんでした。初期の頃は休日もなく、休みをとっても被災地では被災者と顔を合わせるため、遊ぶ場所もありません。息抜きができなかったのです。被災自治体職員には、家族を亡くしたり、家を流された人も多く、自らも被災者という人が少なくありません。発災後3か月間も自宅に帰らず、役場で泊まり込んで対応に当たった職員もいました。しかも、当初は家族の安否もわからないままだったといいます。発災直後は、義務感と緊張感からふだん以上の力を発揮できても、いつまでもそのようなことを続けていると、倒れてしまいます。

外国の紛争地域で支援活動を展開するＮＧＯや国連機関では、Ｒ＆Ｒ（Rest and Recreation）という制度があります。これは、被災地や紛争地で支援活動を行う際に、職員が一定期間の活動をした後、少し離れた土地で休息や気分転換をする制度です。もとは、アメリカ軍が始めた制度だそうです。被災地などでは生活環境が悪い上に、休息がとれません。休日というのがなく、休みをとってもゆっくりできません。そこで、近くで安全な場所に強制的に引き上げさせ、休息をとらせます。そうしないと、職員の疲労がたまり、活動の水準が落ちます。例えば、スーダンの紛争地で活動する場合はケニアのナイロビに、アフガニスタンでの活動の場合はタイのバンコクに引き上げさせます。現地で8週間活動すると、8日間の休暇をとらせます。そのための交通費や宿泊費を出します。

日本の公務員は生真面目ですから、現地を離れて別の場所で休息をとることは、気兼ねをするでしょう。しかし、復旧は長丁場になります。今後は同様の制度を導入して、職員に休息を「義務づける」ことも考えなければなりません。精神主義だけでは、長続きしません。

⑽　民間との協働

今回の大震災は被害も大きく、行政だけでは対応が難しいと考えました。政府内でも早い段階から、民間との連携協力を検討しました。企業とNPOのそれぞれの活躍は第2章と第3章で紹介し、行政との連携や協働については第4章で解説します。

以上が、今回の大震災に際して、国がとった初めての支援や新しくつくった制度です。図表1―6に、これまでにない取り組みの主なものを、整理しておきます。なおここで述べたのは、国が行った新たな対策です。現地ではそれぞれに、もっと多くのこれまでにない対応や弾力的な運用がなされたことと思います。

図1−6　主な初めての取り組み

1　国の責務の一元化
⑴　責任組織の設置と一元化（復興対策本部、復興庁）
⑵　自治体からの要望をワンストップで対応（地方に復興局を設置）
⑶　復興のための増税も含め、10年で32兆円の復興財源確保
2　被災自治体支援
⑴　震災復興特別交付税を創設し、復旧・復興事業の自治体負担分を全額措置
⑵　取崩し型基金3,000億円
⑶　全国の自治体が被災地に職員を派遣（累計9万人）
3　被災者支援
⑴　心身のケア、孤立防止、コミュニティづくりを支援
⑵　住民票を移さず、避難先自治体で行政サービスを受けられるように支援
4　インフラ復旧・まちづくり
⑴　復興特区制度を創設し、土地利用再編の事業に必要な許可の特例、手続きのワンストップ化
⑵　復興交付金を創設し、地域づくりに必要な事業の一括化、地方負担の手当
5　産業の復興
⑴　仮設工場・店舗等の整備と無償貸与
⑵　中小企業等グループの施設復旧のための補助金の創設
⑶　復興特区制度を創設し、税制・金融上、規制・手続きの特例
⑷　二重ローン対策（東日本大震災事業者再生支援機構、産業復興機構）
6　雇用の確保
⑴　雇用創出基金による被災地で仕事づくり
⑵　震災による離職者等を雇用した事業主に対する助成金の創設

第3講 哲学の転換

さて、今回の大震災をきっかけに起きた行政の変化を、より広く思想面を含めた視野から、再整理してみましょう。次のような大きな変化が生まれていると、私は考えています。一つは、防災についての考え方です。目指すものが、完全な「防災」から「減災」に転換しました。二つ目は、災害復旧の内容についての考え方です。これまでの「国土の復旧」から「暮らしの再建」へと変わってきました。それに加えて三つ目に、私たちが復旧・復興業務を通じて挑戦している、行政のあり方の改革も上げておきましょう。

1　「防潮堤で守る」から「逃げる」へ

今回の大津波を経験して、災害への備えについての思想が、大きく変わりました。ハード対策（防潮堤）で被害を完全に封じることは、困難とわかりました。もし完全に防ごうとすると、とんでもない大きな防潮堤が必要となって、建設費が膨大になるだけでなく、日常生活も不便になります。そこで、災害を完全に封じ込めるのではなく、被害を最小化するために、逃げることなどソフト対策（防災教育等）を組み合わせることへ変更しました。この考え方を表すために、新しく「減災」という言葉が生まれました。内閣総理大臣の下に設置された、東日本大震災復興構想会議の提言を見てみましょう。

　今回の津波は、これまでの災害に対する考え方を大きく変えた。今回の津波の浸水域は極めて広範囲であり、その勢いは信じ難いほどに巨大であった。それは、物理的に防御できない津波が存在することをわれわれに教えた。この規模の津波を防波堤・防潮堤を中心とする最前線のみで防御することは、もはやできないということが明らかとなった。

　今後の復興にあたっては、大自然災害を完全に封ずることができるとの思想ではなく、災害時の被害を最小化する「減災」の考え方が重要である。この考え方に立って、たとえ被災したとしても人命が失われないことを最重視し、また経済的被害ができるだけ少なくなるような観点から、災害に備えなければならない。

　この「減災」の考え方に基づけば、これまでのように専ら水際での構造物に頼る防御から、「逃げる」ことを基本とする防災教育の徹底やハザードマップの整備など、ソフト面の対策を重視せねばならない。（2011年6月25日「復興への提言～悲惨のなかの希望～」本論第1章⑵①「減災」という考え方）

これに基づき、それまでは防潮堤をつくる際に、過去最大の津波を基準にしていましたが、その基準を捨てました。すなわち、百年に数回起こる規模の津波（専門家の間ではＬ１と呼んでいます）を、防潮堤の標準とします。千年に一度の津波（同じくＬ２と呼んでいます）は、逃げることを合わせて被害を防ぐことにしました。

「減災」思想は政府の方針となっただけでなく、各自治体でも採用され、国民の間でも広まっています。

2 「国土の復旧」から「暮らしの再建」へ

被災者の支援と町の復旧に関して、行政の役割は、これまでモノに偏っていたように見えます。すなわち、被災者の救助では物資と住まいの提供が主であり、復旧では公共施設とインフラの復旧に重点を置いていました。それに対し、阪神・淡路大震災と東日本大震災を経て、モノだけでない生活全般の支援が必要であるとの認識が共有されてきました。一言で言うと「国土の復旧から暮らしの再建へ」の転換と拡大です。

(1) 被災者の生活の支援

被災者の支援についての行政の責務は、災害救助法に定めがあります。そこには、都道府県知事が行う救助として、避難所や応急仮設住宅の提供と、食料、被服、生活必需品の提供などが定められています。国は、その経費を負担します。行政の活動は、被災者を救助し、避難所と食料や生活用品を提供し、次に仮設住宅の建設とインフラ復旧に移ります。これ以外は本人の責任であり、被災者の暮らしの支援は、地域の助け合いや民間の善意に委ねられていました。

しかし、支援に乗り出してみると、これまでの対応では十分ではないことが見えてきました。避難所生活が長くなると、毎日おにぎりとパンでは飽きてきます。お風呂にも入りたい、プライバシーを確保したいなどの要望もあります。炊き出しや、仮設住宅への引っ越しには、人手が必要です。高齢者や障害者にとっては、避難所や仮設住宅でも、ちょっとした身の回りの手助けが必要です。

それらと並んで、避難者が求めるものに、情報があります。どのような支援を受けることができるのか、いつになったら住宅に入ることができるのか、事業はどのようにして再開するのか、病院や介護はどうなるのか。それだけでなく、保険金の支払い、遺産相続、借金の返済猶予などの心配事もあります。まずは支援制度の説明や法律相談といった生活の相談窓口が必要ですが、それだけでなく、心のケアも必要になります。家族を亡くし、住み慣れた住宅もなくなり、友人や知人とも離れた人も多いのです。そこには、とてもつらい悲しみと孤独があります。誰かと話をしたい、話を聞いてもらいたいのです。それらの相談に乗る、話を聞くことで、不安を小さくできるのです。

仮設住宅に移ってからも、同様です。仮設住宅は無料で提供されますが、そこには家具は何もありません。今回は、テレビや洗濯機、冷蔵庫は、日本赤十字社からの寄附でそろえました。また、小さな部屋で長期間生活していると、孤立防止や体と心の健康維持も、重要な課題です。これらの支援にも力を入れました。

仮設住宅を出て生活を再建する際にも、支援が必要となります。この点についても、これまでは「暮らしの再建＝個人の責任」とされていました。かつては、被災者の生活支援には、義援金のほかは、無利子の貸付制度（災害援護資金や生活福祉資金）しかありませんでした。住宅再建に、公的な金銭支援として「被災者生活再建支援金制度」ができたのは、阪神・淡路大震災後の１９９８年です。その後、制度が充実され金額も引き上げられました。

(2)　町の復興の3つの要素

次に町の復興についてです。これまで多くの人は、「町の復旧＝インフラの復旧＝行政の仕事」と考えていました。他方「事業の再開＝事業主の責任」と考えていたと思います。コミュニティの再建などは、念頭になかったのではないでしょうか。

災害復旧についての法律に、公共土木施設災害復旧事業費国庫負担法があります。これはその名のとおり、自治体が管理している公共土木施設（道路、堤防、下水道など）の復旧に対し、国が資金を負担するものです。このほか、公立学校や農地などの復旧にも、国庫補助があります。法律が対象としている災害復旧は、これだけです。しかし今回は、従前の考え方を超えて支援の対象を広げました。

町の再建、暮らしの再建には、「インフラの復旧と住宅の再建」のほかに、「産業となりわいの再生」と「コミュニティの再建」が必要です。立派な道路や防潮堤はできたけれど、住民が住まない町では困ります。

復興庁では、復興の要素をこれら3つに分類し、町と住民の暮らしの再建を後押ししています。例えば、岩手県庁の復興局は、復興推進課のほかに、まちづくり再生課、産業再生課、生活再建課からなっています。

これについては、第4章第1講（233ページ）で解説します。

3　課題解決先進国ニッポンへ

第1講で、今回の大震災では、政府の能力が試されたのだと、書きました。これまでにない事態に対し、多くの公務員が今までにない新しいことに取り組みました。これは、行政のあり方の改革につながっていると信じています。

(1)　官僚主義をぶっ壊せ

それは、官僚主義と批判される欠点との戦いでもありました。「前例がありません」という前例踏襲主義であり、「法律や予算がありません」といった権限内への逃げこみです。また「それは、私の所管ではありません」という縦割りです。

法律や予算を執行するのが公務員と思われがちですが、法律や予算の案をつくるのも公務員の仕事です。必要な対策のために法律をつくり、手段としての予算を確保しなければなりません。それを考え実行する職員を集め、新しい組織をつくることも必要です。

ところで、縦割り行政は、責任の明確化と専門性の確保のためであり、それ自体は悪いことではありません。高度な仕事には、専門の能力や組織が必要です。インフラの復旧と産業復興と被災者支援とでは、求められる知識や能力は異なります。すべてを一人の人や一つの組織で、できるはずがありません。町役場でも、土木課、産業課、福祉課は別になっています。縦割り行政として批判されるのは、相談に行ったときに担当者が決まらずにたらい回しされたり、対応する者がいなくなってしまうような場合があるからです。それは、縦割り行政の欠点ではなく、組織づくりの失敗です。総合窓口をつくり、必要な業務を誰かが実施するようにすることで、解決できます。また、関係する部門の間で連携がとられないと、現地でちぐはぐになることがあります。そうならないように、関係部門間での緊密な情報交換と連携が重要なのです。

　このほかにも、スピード感の欠如が批判されます。持ち込まれた課題に対し、対策を打って結果を出すのが遅いのです。検討に時間がかかり、決断が遅い。決めてからも、手続きに時間がかかり、現場で成果が出るのが遅いという批判です。被災地で一刻も早い支援を待っている被災者がいることを思えば、悠長なことは言っておられません。「批判を受けることがあったら、修正すべき点は修正しよう」と割り切って、平時では考えられない速さで即断即決し、手続きも簡素化して支援をしました。

　もう一つの公務員の欠点は、法律や通達をつくったり予算を確保したことで、「やりました」と満足してしまうことです。私たちの仕事は、現地で成果が出てこそ意味があります。予算を獲得したり制度をつくることは、霞が関や県庁では業績（アウト・プット）ですが、現地にとっては入力（イン・プット）でしかありません。現地で成果（アウト・カム）が出て初めて、仕事をしたことになるのです。「通達を出しました」だけでは、仕事をしたことにはなりません。それによって現地で何が実現できたかが、私たちの仕事を測る物差しです。復興庁が定期的に公表している「現状と取り組み」では、現地で復興がどこまで進んだかを数値で表し、そのために復興庁が何をしているかを示すようにしています。

　これらの欠点の根底には、「事なかれ主義」があります。自分の任期中は何もしないうちに平穏無事に過ぎてくれれば良いという考え方です。これまでに指摘した前例踏襲主義も、法令への閉じこもりも、「予算がありません」も、縦割り行政の弊害も、スピード感の欠如も、通達を出したことで成果と考えることも、すべて「面倒なことには巻き込まれたくない」「自分の目の前の庭だけきれいにしておきたい」という事なかれ主義の現れです。もちろん公務員のすべてが、このような官僚主義に毒されているわけではありません。今回の大災害に関しても、国家公務員も地方公務員も、与えられた仕事をしっかりこなし、さらにそれ以上の働きぶりを見せてくれました。しかし、このような公務員批判が人口に膾炙していることは、そのような欠点もしばしば見られるということでしょう。

前例のない課題に、前例にとらわれずに、直ちに取り組む。現地で成果を出すことが必要だ。今回の大震災には、そのような気構えが必要でした。「できません」と言わずに、「どうしたらできるかを考えよ」が復興庁のモットーです。それが、復興庁の「社風」の原点です。

その点で比較的容易だったのは、私たちには現場があったことです。被災地を見て被災者に会うと、何をしなければならないかが実感できます。すると「できません」とか、「それは私の所管ではありません」とは言えないのです。「通達を出しました」と報告する職員に対し、「ありがとう。では、それが現地でどのように成果を出しているか、視察をして報告してくれ」と言えば、職員は何をしなければならないかを理解できます。

復興庁で働く職員にとっても、これは得難い経験だろうと思います。通常時では、法令や前例に縛られ、なかなか新しく大胆な予算や手法をつくることはできません。その点、復興の現場では、自ら解決手法を考え、比較的自由に実現することができました。このような改革と挑戦ができたのは、大災害というショックがあったからで、関係者が「何とかしなければ」という思いを共有したからです。平時では、なかなかこのような大胆なことはできなかったでしょう。

このような取り組みの結果、復興庁は、関係者からもある程度の評価をいただいています。例えば２０１４年２月７日の河北新報では、「復興庁２年、司令塔役評価」という見出しの下、沿岸20市町の首長うち15人が、復興庁への評価で合格点をくださいました。３月10日の毎日新聞では、対象42市町村長のうち、復興庁の対応を「高く評価する」「ある程度評価する」と答えた首長が９割に上りました。２０１５年３月２日の読売新聞でも、42市町村長のうち、「大いに評価できる」と「ある程度評価できる」と答えた首長は38人に上り９割を超えています。

復興庁の仕事も一定の軌道に乗ったのではないかと、自負しています。

(2)　新しい分野への取り組みと新しい手法

第２講２（51ページ）で、国が今回取り組んだ新しい対策を並べました。その中には、これまで行政の仕事とは考えられていなかった分野のものもあります。

被災者の孤立防止のための見守りやコミュニティ形成支援は、これまでは政府の仕事とは考えられておらず、家族や地域社会に委ねられていました。国に所管する組織はありません。また、民間事業者の事業再開は自己責任であり、国の責任ではありませんでした。このように、かつては個人や事業者の自己責任とされたリスクが、政府や社会が援助するものに変化しつつあります。

そして、それらの支援を実行する際に、法律による規制や公共事業、補助金などによる従来型の行政手法は効果的ではありません。今回試みたのは、ＮＰＯとの協働による見守り活動や、支援してくれる企業と支援を希望する企業を仲介する場の設営です。新しい行政手法が必要なのです。

他方で、企業やＮＰＯの力が認識されました。被災地の復興や町の暮らしの再開について、国と自治体がすべてを引き受けるものではありません。民間企業が責任を持つ部分やボランティアにお願いする部分もあります。すると、これからのまちづくりに必要なのは、民間企業が引き受ける部分、コミュニティやＮＰＯにお願いする部分、家族の責任、そして行政の責任をどう組み合わせるかです。これについても、第４章で述べます。

⑶　世界の最先端を行く

これらは、日本の行政の基本的な形を変える試みでもあるのです。明治以来、日本の行政の形は、先進国から最先端の制度を輸入し、日本に合うように改変して普及させるというものでした。そして、先進国に追いつき追い抜くことがほぼできました。もっともこれは行政だけでなく、学界や企業も同じでした。

しかし、先頭に立ったことで、諸外国へ勉強に行っても、輸入できるものは少なくなりました。少子高齢化や地方の過疎化などは、日本の方が進んでいます。「課題先進国」になったのです。すると、外国には学びに行くところはなく、国内で私たちで考え解決しなければなりません。今回私たちが行った救助や復旧政策は、たぶん日本が世界の最先端を行っているでしょう。

課題先進国であるということは、「課題解決先進国」になることができるということです。先進国に学びに行くのではなく、現場で生じている問題を拾い上げて、自分たちで解決するというスタイルに転換しなければなりません。日本が真っ先に課題を解決し、各国が日本を学びに来る番になりました。国も自治体も、課題解決先進国ニッポンの先頭に立たなければなりません。

〔注〕

(1)　私は、被災者生活支援特別対策本部（事務局次長）に引き続き、復興対策本部（事務局次長）、復興庁（統括官、事務次官）に勤務しています。原発事故については別に、原子力災害対策本部と被災者生活支援本部がつくられました。図1―1をご覧ください。私の所管は、主に地震と津波による被災者の支援とその後の復旧・復興であり、原発事故対応は含まれていません（原発事故による避難地域の復興や被災者の支援には関与しています）。ここでの記述も、主に地震と津波の被害対策とその後の復興になります。

(2)　今回の巨大津波は、千年に一度のことといわれています。ところで、2008年の世界金融危機と世界同時不況は、百年に一度のことといわれました。原発の重大事故は、スリーマイル島原発事故が1979年、チェルノブイリ原発事故が1986年、福島第1原発事故が2011年ですから、20年に一度は起きています。私たちは予想外のことが起きると「想定外」「未曾有」と表現します。しかし、地球の外から百年単位で観察している人がいたら、巨大津波も世界金融危機も原子力発電所などの重大事故も、定期的に起きる事案であって、そんなにびっくりすることではありません。それぞれその時間単位で見ると、想定外でもなく未曾有でもないのです。「想定外」は、めったに起きないだろうという人間の思いこみが生むものです。

（3）発災直後の緊急災害対策本部の活動については、当時、内閣府防災部局の担当参事官であった小滝晃氏による『東日本大震災緊急対策本部の90日』（2013年、ぎょうせい）に詳しい記録があります。

（4）帝国データバンク（株）の調査結果「東日本大震災関連倒産（発生から2年）の内訳と今後の見通し」（2013年3月7日）

（5）被災者生活支援本部の活動についての概要と評価については、拙稿「東日本大震災からの復興―試される政府の能力」日本行政学会編『東日本大震災における行政の役割』（年報行政研究48、2013年、ぎょうせい）にまとめてあります。また、被災者生活支援本部事務局参事官であった山下哲夫氏が、「政府の被災者支援チームの活動経過と組織運営の経験」『季刊行政管理研究136号』（2011年、行政管理研究センター）に、被災者生活支援本部の組織づくりと運営をよく記録し分析しています。

（6）これを指摘するのは、当時の民主党政権において、政務職と事務職との関係が円滑でないという声があったからです。なお各府省との連携を密にするため、各府省事務次官等をメンバーとする会議「被災者生活支援各府省連絡会議」も設置しました。3月22日に初会合を開き、当初は1日おきに（後には週2回）、総理大臣官邸で開きました。これは、民主党政権が廃止した「次官会議の再開」と報道されました。しかし、会議の目的も内容も、かつての次官会議とは大きく異なっています。

（7）内閣府防災担当による「東日本大震災における原子力発電所事故に伴う避難に関する実態調査」（2015年12月18日）が詳しい調査をしています。

（8）私の考えと行動は、私設ホームページ「岡本全勝のページ」に、日々書きつづっておきました。

（9）復興庁をつくった際の、組織の設計と運営および政策の設計と管理について私が考えたことは、「復興の現状と課題―未曾有の事態へどのように対応してきたのか」『月刊地方財務』（2015年4月号、ぎょうせい）の第2章「復興庁をつくる」に記録してあります。

（10）朝日新聞別刷り「グローブ」2016年1月17日号が、「司令塔は何をしたか」として、復興庁を評価しています。

（11）政府が緊急に調達した物資の多くは、関係業界や企業の無償提供でした。支払いをする段階で、「無償で協力します」と申し出てくださいました。感謝の意を込めて、被災者生活支援本部のホームページにお名前を載せてあります（名前を出すことも同意されなかった企業もありました）。

第2章

公共を支える企業

第2章では、企業が従来の社会貢献の枠を越えて、いかに東北の復興に貢献してきたかを説明します。筆者が代表を務める一般社団法人ＲＣＦは、企業による社会貢献事業のコーディネートを担っています。「どの課題に対して、どの地域で、いかなる方法論で社会事業を進めるのか」という企画を企業担当者と共に行い、また多くの場合、実践を共にするのがコーディネーターの役割です。２０１１年3月以降、約１００社の大手企業社会貢献部門と付き合い、約20社の企業と行動を共にしてきました。そうした経験から、東日本大震災を契機に、企業による社会貢献のあり方が大きく変わりつつあること、より地域にとって直接貢献できる形になりつつあり、また結果的に企業の競争力向上につながっていることを解説します。

第1講 企業は復興をいかに支えてきたか

第1講では、東日本大震災を機に活躍した企業の代表事例を取り上げつつ、いかなる成果を出してきたのか、またその背景に、企業としてどのような意思決定があったのかを明らかにします。

1 社会貢献が新しいビジネスをつくる

⑴ CSVの精神で支え続ける──キリン株式会社

●──復興という言葉に頼らない商品づくり「海まん」

「1年前に開発途中の海まんを口にした者として感激している。全国に名が通る商品になってほしい」。

これは、２０１５年11月2日に行われた被災地である岩手県釜石市で生まれた海鮮中華まんじゅう「海まん」の商品発表会での、小泉進次郎議員のコメントです。小泉議員は、復興大臣政務官として、岩手沿岸にも頻繁に通い、海鮮中華まんじゅうとして開発中だった「海まん」を口にしていました。発表会直後の11月４日から、インターネットを中心に販売、２か月で５０００個以上販

海まん商品発表会

売されました。また、日本最大の百貨店である伊勢丹新宿店でも試験的に販売、他にも釜石の道の駅や商業施設等でも販売され、広がりを見せています。

海まんプロジェクトには、2つの意義があります。

一つは、地域の連携です。海まんプロジェクトには、釜石の水産加工事業者である三陸いりや水産株式会社（宮崎洋之社長）、有限会社ヤマキイチ商店（君ヶ洞剛一専務）を中心に、菓子製造販売の有限会社小島製菓（菊地広隆代表）や酒造会社である株式会社浜千鳥（新里進社長）といった異業種のメンバーが参画しています。例えば、まんじゅうの皮の開発には、小島製菓の菊地代表が協力し、強みをもった地域の事業者が横でつながることで競争力を高めることを目指しています。これまで岩手県内では、地域内の同業者や異業者が集って商品開発を行う例は多くは見られません。

意義の二つ目は、付加価値の高い商品づくりです。東北沿岸は世界有数の漁場ですが、そのことが逆に加工による高付加価値化を妨げていました。その結果、単純な一次加工のみの商売となり、水産加工従事者の平均所得は200万円程度にとどまります。このため、魅力的な職場となっておらず、優秀な人材がなかなか集まらないために、ビジネスを洗練させることができない悪循環に陥っています。

震災をきっかけに多様な人材が集まる被災地において、これまでのビジネスから抜け出し、いかに高い付加価値の仕事を生み出せるかが大きな課題となっていて、海まん開発プロジェクトへの地域からの期待は高まっています。

海まんプロジェクトの裏側には、キリンによる復興支援活動があります。

キリンは、水産業の新たな取り組みに対して、東北３県で40案件、累計で９億円もの支援を行ってきました。[注1]その一つが「海まんプロジェクト」です。この取り組みの裏側には、地域を発展させ、その結果を本業にもつなげようとする、キリンの社会課題への取り組み方針があります。

60億円の支援とその先

キリンは、キリンビール仙台工場（仙台市）が地震による大きな被害を受けたことから震災復興に大きく乗り出しました。キリンビール株式会社・松沢幸一社長（当時）は、「早急に復帰させる。雇用も守る」と力強く発表しています。まだ原発事故の収束の目途も立たず、全国的に日常生活や経済活動が混乱の最中にあった４月７日のことです。

そして翌５月に「復興応援キリン絆プロジェクト」が発表されました。その内容は、商品の売上・利益の一部を原資として、総額60億円もの支援を3年にわたって続けるというものでした。(注2) 民間企業による復興支援の取り組みとしては、三菱商事やヤマトホールディングスと並び、国内最大規模となります。

2014年までに農業支援に18億円、水産業支援に16億円、農業関連高校への就学支援に6億円が使われています。農作物を原料とし、日々の食事と密接な関係をもつ総合飲料メーカーらしく、一次産業の復興に強く軸足をおいて支援を続けています。

震災から3年がたった2014年に、キリンの磯崎功典社長は「震災発生当初はハードの支援が中心だったが、今後は地域のブランド作りや販路の拡大、経営者の育成に力を入れていきたい」と記者会見で語りました。絆プロジェクトは、3年で役割を終える予定でしたが、その前提を超えて、引き続き東北を支援することをトップが明言したことの背景には、キリンの社会課題への取り組み方針があります。2013年、キリンは、本業を活かして社会課題解決を目指すCSVという考え方を取り入れました。その一番目の舞台として、4年目以降の東北支援が選ばれたのです。

●——ダボス会議からはじまったCSV

CSV（Creating Shared Value）とは、ハーバード・ビジネス・スクール教授であるマイケル・ポーター氏が構想した考え方です。日本語では「共有価値の創造」と訳されるように、企業と社会が協働しながら、新しい価値をつくりあげていく、という考え方です。

ＣＳＶを生み出したのは、世界一の総合食品飲料企業であるネスレ社です。ネスレは、例えば「栄養・健康の研究」をＣＳＶの重点テーマの一つとして掲げ、(注3)世界34か所の研究開発センターにおいて、栄養分野の研究を進めています。そして、この研究をもとに、子ども向けの栄養製品を提供したり、食塩・糖類・脂肪などを全製品から削減することを進めています。社会課題解決を、さまざまな関係者と共に進めながら、その結果として市場競争力の強化を図ろうとしているわけです。

キリンの磯崎功典社長がＣＳＶに強い関心をもったのは、２０１０年から２０１２年にかけて、ＣＳＲ担当役員としてダボス会議に出席したことがきっかけでした。ネスレ、ユニリーバ、コカ・コーラといった世界トップ企業の経営者がＣＳＶに積極的に取り組んでいる様子を知り、強く刺激を受けたのです。(注4)

「キリン絆プロジェクト」のリーダーであった磯崎氏は、２０１３年にキリンの社長に就任し、ＣＳＲ部門を「ＣＳＶ部門」に名称変更の上、全社を挙げて注力することを明らかにしました。今でこそ社会貢献部門に「ＣＳＶ」という名称をつけることが増えてきていますが、国内企業で最も早くこの名前をつけたのがキリンです。

(2) 現場から生まれた支援サービス―ヤマト運輸株式会社
●―罪の意識から生まれた、一つのサービス

「あのとき、どこかに連絡していれば、助かったかもしれない」。

ヤマト運輸岩手支店主幹の松本まゆみさんが、1000人の聴衆の前でつぶやいた言葉です。

社会イノベーター公志園という、日本を代表する社会起業家を紹介する取り組みがあります。私は実行委員としてかかわっています。2012年の第2回大会は、東北復興を後押しする意味も含めて、気仙沼で行われました。そこで16人の社会的事業の発表者の中から代表に選ばれたのが、松本さんでした。松本さんが発表したのは、ヤマト運輸という大手宅配事業者の力を活かして、地域福祉を支える「まごころ宅急便」というサービスです。この取り組みの裏側には、2008年のある出来事がありました。

当時、松本さんは、88歳の一人暮らしの女性の家に、遠く離れた息子さんからの荷物を届けに行きました。そのときの女性の様子に「何かが違う」という直感があったにもかかわらず、次の配達に向かいます。その夜にその女性は孤独死され、発見されたのは3日後でした。

以来、松本さんは冒頭の言葉にあったような罪の意識にかられ、福祉の勉強を始めることになります。しかし、松本さんは宅配という仕事から離れることはありませんでした。むしろ、宅配事業が、地域の福祉を支えるのではないか。その視点から、配達時のセールスドライバーの気づきを「見

守り情報」として地域福祉の担い手である社会福祉協議会に伝えるという「まごころ宅急便」を考え出したのです。

「まごころ宅急便」とは、社会福祉協議会が配布したカタログから商品を注文し、ヤマト運輸がその品物を届けるという買い物支援サービスです。

「まごころ宅急便」の仕組みは、対面性という特長をもちます。地域の見守りは、一般に民生委員が担います。しかし、見守るべき単身の高齢者は各地で増え続けていますが、民生委員の担い手は減っています。また、支援対象の方は引きこもりがちになっていて直接の訪問を嫌がることもあります。一方、「まごころ宅急便」の場合には、荷物が届きますから、住民も必ず顔を出します。また、セールスドライバーが中心となっていることから、民生委員同様、地域のことも熟知しています。

こうして２０１０年９月、「まごころ宅急便」は、岩手県でも最も深刻な過疎状況にあった西和賀町から始まりました。そして２０１１年８月からは、東日本大震災の被災地である大槌町でも開始されています。担当している本社の成保達雄営業戦略部課長にうかがったところ、地域との連携は岩手県が進んでいるとのこと。また、東日本大震災の影響もあってか、青森、秋田、山形といった東北地方全般で連携を求める動きが活発化しているそうです。

現在、「まごころ宅急便」は、東北地方にとどまらず全国の過疎地域を中心に広がっています。

また、「まごころ宅急便」にとどまらず、地域に密着した支援サービスを行う「生涯生活支援プラットフォーム」の構築を、長期経営計画の三本柱の一つとしています。

――ヤマト運輸による復興支援の取り組み

「まごころ宅急便」のように、復興段階で役に立っているサービスを地域に届けているヤマト運輸ですが、震災直後もかなりの規模の支援を行っています。

しかも、その発端はやはり現場からでした。2011年3月11日以前から、被災地域でもヤマト運輸は宅急便サービスを行っていました。震災が発生したときにも、ヤマト運輸のセールスドライバーは被災地域で仕事をしており、実際に5人の社員が亡くなっています。多くの社員が被災しましたが、震災直後に彼らはだれから指示をされることなく、行動し始めます。役場に直談判しながら、ボランティアで救援物資を配送し始めたのです。現場主義を徹底するヤマト運輸のDNAが、そうした行動に駆り立てたのです。

その動きに呼応する形で、ヤマト運輸の木川眞社長（現：ヤマトホールディングス会長）は対策本部を設け、対策本部長として、「救援物資輸送協力隊」という名称で被災地域に人員や車両の投入等を行いました。(注5)結果として、全国からのべ1000人のグループ社員が東北へ入り、宅急便サービスを復旧させていったのです。

取り組みはさらに広がります。宅急便１個につき10円を東北に寄附することを決めたのです。当時、年間約13億個以上を運んでいたため、結果的に１４２億円の寄附となりました。ヤマト運輸の２０１０年度の当期利益は３３２億円でしたから、実に利益の４割にもなります（実際、２０１１年度の当期利益は１９８億円に減少していて、２０１２年度は３５１億円に回復しています）。企業による支援としても、最大級の金額でした。このうち１４０億円を原資として、ヤマト運輸は、水産業、農業、観光、医療、保育など、さまざまな分野の施設・設備に対して迅速な支援を実現させています。

この取り組みについて、寄附を受け支援を決めた公益財団法人ヤマト福祉財団に、最も印象に残る支援先をたずねたところ、南三陸の魚市場を挙げられました。南三陸ではサケが名産です。シーズンの秋にサケ漁を行わなければ、地場水産業が大きなダメージを受けることになります。漁師たちは他の港での水揚げを余儀なくされるはずでしたが、ヤマト福祉財団が約３億円を投じて２０１１年10月21日に仮設魚市場を建設、24日には、初セリも行われました。この取り組みは、ヤマト福祉財団にとっても第１号の支援となり、メディアでも大きく取り上げられました。

ヤマト福祉財団が支援を行う基準は、「使い道が見える」「スピードが速い」「効果が高い」の３点でした。いち早く結果を出すことで、行政や他企業の支援も進みました。「この会社にいてよかった」と社員のモチベーションが向上するなど、従業員にも強い印象を残しています。その延長で、「まごころ宅急便」をはじめとした地域の動きも全国で知られるようになり、会社の方針の中にも本業を通じて社会に貢献するＣＳＶの考え方が掲げられました。

●交通と物流の問題を同時に解決する

２０１５年６月、オレンジの下地に、大きく「ヒトものバス」とついた1台のバスが、被災地の一つである宮古市を走り始めました。ヤマト運輸が、岩手県のバス会社である岩手県北自動車と連携して進める、地域課題を解決するための新しい取り組みです。

岩手県では、震災の前から高齢化・過疎化がすすんでいました。お年寄りが病院に通ったり、買い物に使ったりするため、バスの重要性が増しています。一方で、バスの乗客数そのものは減りつつありますから、そうした地域を走るバスほど採算割れをしてしまいます。震災直後は、国土交通省の補助もあり、自治体が民間バス会社に補助金を出していました。しかし、ゆくゆくは地元自治体の負担で運行する必要があります。財政も厳しい沿岸被災自治体では、とりわけ、バスの本数や路線網そのものを維持することが難しくなってきています。

一方、物流業界も、課題を抱えています。距離があるものの、運ぶ荷物が少ない地域はコストがかかり、またドライバーが集まりにくくなってきていて、物流網の効率化が求められているのです。

交通と物流という地域の課題を同時に解決する取り組みが「ヒトものバス」です。その名のとおり、岩手県北自動車が運行する地域路線バスに、宅急便を載せる「客貨混載」型のバスです(注6)。後部座席が荷台スペースに改良されています。2015年からは、盛岡市と宮古市の間を、そして宮古市と重茂半島を結ぶ一般路線バスで導入されました。これまでは、重茂半島に荷物を運ぶと、戻るまでの2時間は荷物がない〝空走〟でしたが、この取り組みによりその状態が解消されました。また、バスが荷物を運ぶ分、セールスドライバーの走る時間が減るので、燃料費も削減され、環境への負荷も軽減できます。そして、空いた時間は顧客への対面サービスに使うことができます。物流を効率化させ、地域サービスを拡充する。ヤマト運輸による地域へのかかわりモデルの一つがここで生まれました。

「ヒトものバス」の引き合いは全国から相次いでいて、2015年9月には宮崎県で第2号がスタートしました。復興に貢献するだけにとどまらず、全国地域が同様に抱えている地域課題解決に、大きく寄与することになります。

(3) 社会貢献が新しい事業形態をつくる

地域の祭りに協賛するなど、もともとビール会社は地域と関係をもっていました。しかし、ときに「スポンサー」扱いされて、地域と本音の付き合いができていませんでした。東北地方でキリンは、被災した水産業が高付加価値型産業に生まれ変わるために、ときに事業者を説得しながら、懸命に進めてきました。その結果、これまでとは違う本音で付き合える関係をつくり上げることができたのです。こうした、地域貢献を通じて本質的な地域とのつながりづくりを行うことを、キリンは今後全国に波及させたいと考えています。

ヤマト運輸は、日本隅々まで宅急便サービスを届け、またクール宅急便のように高い付加価値のサービスをこれまでも生み出してきました。一方で、海外展開以外の課題として、国内ではそうしたサービスインフラを活かした新しいサービスを生み出すことが求められていました。そこでヤマト運輸は、地域に貢献することとし、地域福祉や、地域交通・物流といった、地域の課題に本質的に向き合うことを通じて、新しいサービスを生み出そうとしているのです。

キリンやヤマト運輸の事例からわかることは、地域や社会に貢献することが、結果的に企業競争力を高めることになる、ということです。ここで注意する必要があるのは、企業利益のために社会貢献をしているわけではない、ということです。利益を目標として貢献活動をし始めても短期間では成果は出ません。実際、「復興支援室」などの部門をつくった企業は数多くありますが、利益を数値目標（ＫＰＩ：Key Performance Indicator）においた企業は、３年程度で東北から撤退していきました。キリンやヤマト運輸は、あくまで地域の価値を目標に置いているのです。しかし、自分たちの強みや課題をよく理解しながら社会貢献を進めているからこそ、結果的に本業にも寄与することができ、継続して社会貢献を行うことができるのです。つまり、企業価値を目的として社会貢献を行うのではなく、結果的に企業価値につながることを目指す必要があるのです。

2　本業を通じて、社会に貢献する

ここでは、本業を活かしながら地域貢献を進めている事例として、リクルートキャリアとグロービスという2つの企業を取り上げます。

(1) 従前の方法論にはこだわらない―株式会社リクルートキャリア

●――新卒学生がやってきた

新卒学生6名採用。釜石の水産加工業である株式会社小野食品（小野昭男社長）の2015年の実績です。従業員95名の中で6名を採用したのは、快挙と言える数字でしょう。しかも、6名中5名は大卒であり、東京・北海道・青森といった岩手県以外の大学から集まっています(注7)。これまでの東北地方の水産加工業には、地元高校出身者が就職しており、大学や地域の外から人を集める手段は持ち合わせていませんでした。この成果を挙げた背景には、リクルートキャリアによる地域貢献の取り組みがあります。

「ネットで求人情報を見るのが一般的な時代だが、会社独自ではなかなか情報提供できない」「大手就職情報サイトと連携したことで、学生に知ってもらうきっかけになった」。小野食品の小野昭男社長の言葉です。

Starting Over三陸のウェブサイト

営業事務で新卒採用された関畑花恵さんも、「地元に戻りたいと考えていて、希望を登録していたら自動で情報がきた」と話します。

リクルートキャリアの取り組みは「Starting Over 三陸」と名付けられています。（注8）２０１４年８月に特設ウェブサイトを開設し、小野食品をふくめ釜石の４社の求人情報と経営者のインタビューを掲載するとともに、企業に対しては新卒採用ノウハウを助言し、採用・育成・定着のためのサポートも行っています。また新卒社員に対しては採用後のフォローを行っています。その上で、大学生を中心に新卒希望者が登録する「リクナビ」や転職情報サイト「リクナビNEXT」でも募集告知を行うことで、被災地の企業では到達できない学生たちや転職希望者に情報を届けます。加えて、２０１４年９月には東京で合同説明会も開催しました。

●──強みを封印する

この取り組みを立ち上げた小澤智則さんと、現在担当している黒坂博隆さんに、始められた経緯についてお話をうかがいました。2014年に開始するにあたって、リクルートキャリアが事業を進める際の方法論を「使わない」ことにしたそうです。その方法論とは「完全自前主義」です。サービスの開発から営業、提供（デリバリー）までを、リクルートキャリアでは一気通貫で提供することで付加価値を確保するとともに、圧倒的なノウハウを手にします。一方で、すべて自前で行うのは、その市場が魅力的だからこそです。東北の雇用市場は限られていますから、強みであるはずの自前主義にこだわらず、地域と連携しながら取り組む必要があると小澤さんは考えたのです。地域パートナーの一つは行政になります。地域社会をよく知る行政と連携・協働をすることで、成長意欲が高く、かつ人材ニーズの高い地元事業者の紹介等が可能になり、事業運営そのものの効率化だけでなく、より地域ニーズに合致した事業展開が可能になるからです。

そこで、小澤さんは、被災地沿岸自治体を一つひとつ回りましたが、復興事業で忙しいことを理由にどの自治体からも断られ続けました。最後に釜石市がリクルートキャリアからの提案に応えることになります。(注9)震災後に東京のコンサルティング会社を辞めて、釜石市職員となった石井重成さん（現、まち・ひと・しごと創生室長）が「絶対にやるべきだ」と役所内を説得したからです。自分自身も「よそ者」である石井さんは、地域の事業者にこそ外から人が入る必要があると実感していたのです。

●――取り組みを続けるための仕組みづくり

「Starting Over 三陸」には3つの特長があります。

一つは「復興支援に終わらせない」ことです。リクルートキャリアとしても、一過性の社会貢献イベントにするつもりはなく、地域展開の一つのモデルとして位置づけたのです。実際、「復興支援」という言い方では、震災から3年が経った頃から、人は集まらなくなっています。

二つ目の特長は、「雇用主への対応」。リクルートキャリアは全国で地域事業者の人材採用を支えてきましたが、似た企業規模・業態であっても、成果は大きく変わるとのことです。例えば応募があったときにメールを迅速に返すことができるか。場合によっては、東京に出かけてでも、候補者と会うことができるか。リクルートキャリアはそうした細かな対応を雇用主に行っています。

また、採用後の対応も強め、例えば企業を越えたつながりづくりを釜石市では進めています。大手企業であれば新卒採用者は数十人にもなりますから、同期の桜として、横のつながりで励まし合いながら苦労を乗り越えることができます。しかし東北地域での新規採用者は1～2名にとどまります。初めて釜石に住み仕事を始める人も多く、新しい仕事と生活が同時に始まることを負担に感じることもあります。そこで市役所とも連携しながら、同時期に釜石で働き始めた若者の横のつながりづくりを強めました。

三つ目の特長は「格差を埋める」。リクルートキャリアが持つ情報によれば、ＵＩターンを妨げている要因に企業情報不足があるそうです。進学等で地元を離れた若者たちの中には、地元に戻りたいと考えている方も多く存在します。しかし、地元にどんな企業や仕事があるのかを、外から知り得る方法がありません。そこで地域に存在する成長意欲のある企業や素晴らしい経営者等についての情報を束ねて提供することで、関心をもったり、共感をしてくれる若者が必ずいるはずだと考えたのです。

リクルートキャリアの取り組みは、釜石市での成功事例が伝わったことで、他の自治体にも広がりました。

２０１５年度には、釜石市に加えて、隣の大槌町、そして県を越えて気仙沼市とも連携し、２０１４年度の5社11人の実績から、２０１６年4月に向けて新卒・採用30人の採用を目指しています。２０１４年度の釜石市では、大半の費用が釜石市からの業務委託によってまかなわれ、参画企業の費用負担はごく一部に過ぎませんでした。しかし、これでは復興予算が出ている間だけの短期的な取り組みになってしまいます。そこで気仙沼市では、一般社団法人気仙沼市住みよさ創造機構との協働を通じて、参画する企業が一定の費用を負担しています。企業の未来を担う採用にコストをかけるビジネス習慣が根づくことで継続性が高まっていくことにもつながっていくことでしょう。

●──B to Sプロジェクト

２０１５年9月30日、リクルートキャリアは新しい特設サイト「B to Sプロジェクト」[注10][注11]を開設しました。Ｂはビジネスセクターを、Ｓはソーシャルセクター、すなわちＮＰＯや社会事業など、社会貢献を目的とした団体を表します。ＢからＳへ、民間企業で経験を積んだ企業人を、社会的活動を行う団体へとつなげていこう、という取り組みです。

いかに事業内容に採算性をもたせ、助成金に頼らずとも継続できる事業に変えるかが昨今のＮＰＯの課題になっています。そこで必要になるのは、事業構築に長けた人材の確保です。「リクナビＮＥＸＴ」のように、民間企業経験者で転職意向がある人材へ接触できるサイトと連携できることは、意義が大きいことです。

このプロジェクトの特徴はそこにとどまりません。ＮＰＯ経営者向けには、人材の採用・定着率を高めるための組織マネジメントの研修を、採用担当者には、採用手法に関する研修を行います。定着支援を行わないと、どれだけ人を紹介しても転職者がＮＰＯで実力を発揮することができないからです。9月のスタート時点では、ＲＣＦをふくめ在京の6つのＮＰＯがサイトに掲載されました。今後は支援するＮＰＯの数を増やしていくそうです。

大規模な母集団へのアクセスと、採用・定着に向けたコンサルティングの2つがB to Sプロジェクトの強味です。ビジネスモデルは「Starting Over 三陸」の取り組みと同様です。２つの取り組みの担当は共に黒坂さんであり、東北での取り組みも参考にしながら、その取り組みを非営利セクター全般での人材支援にも応用させているのです。

「自分たちがＮＰＯを支援しているという意識はありません。しかし、支援しているＮＰＯの採用・定着のための組織力が向上したら、これ以上嬉しいことはありません」と黒坂さんは話します。「自分たち」を主語として思考せず、あくまで顧客や市場を主語として考え続ける。そうしたリクルートキャリアらしさを武器に、地域や非営利団体が抱える人材課題の解決を促しています。

(2) 経験＋試行＝新たな事業―グロービス

●―仙台初のビジネススクール

「東北出身者には起業家精神がない」。震災後に、復興に向けて話し合われていた米国大使館における会合で、ある財界人が発した一言が、グロービス経営大学院の堀義人学長の心に火をつけました。

「起業家精神は伝播するものだ。起業家は育成できる。きちんとした教育機会を東北に提供しないで、そう断定するのは許せない。そもそも東北には１校もＭＢＡを発行する大学がないではないか」。すぐに、大学院の研究科長をつとめる田久保善彦さんを呼び、目を見つめながら一言「やっぱり、やろう」。田久保さんはその瞬間、「あの案件のことだな」とピンと来たそうです。２０１１

年11月、そのときが「あの案件」こと、仙台初のビジネススクール構想がスタートした瞬間でした。

グロービス経営大学院仙台校が開校したのは、２０１２年４月です。準備が開始されてから5か月。驚くほどのスピードです。たとえ受講生が10人に満たないとしても「とにかくやろう」という心構えでした。しかし、結果的に1年間で１０４名が受講。それから２０１５年３月までに、６００名を超える方がビジネスリーダーとしての講義を受けました。

復興の課題の一つに、「起業を増やすこと」があります。被災地沿岸では、事業所の被災割合が一般市民や住宅の被災割合を上回っています。例えば、気仙沼市の死者・行方不明者は人口の２パーセントであるのに対して、事業所の減少率は全体の41パーセントです。陸前高田市でも同様に、死者・行方不明者は8パーセントであるのに対して、事業所は49パーセント減少しています(注12)。これは沿岸にいた多くの方が避難できたことに対し、津波被害を受けた東北三陸沿岸は急峻な地形で、商業や工場は海沿いの場所に多く立地していたことが原因です。被害を受けた事業所の中には、経営者が高齢化している、もともと事業がうまくいっていなかったといった理由で、震災を機に廃業する方も少なくありません。しかし、沿岸には多くの方が住み続ける意向をもっているため、その需要を満たす意味で、沿岸地域で新しく業を起こせる方が求められているのです。しかも人口減少期ですから、卓越した経営力が求められることになります。

●――東北にリーダーを

「私は数々の復興支援活動を通じ、本気で復興を支えるためには一過性の教育活動ではなく、中長期にわたって東北の〝再創造〟を担う覚悟と能力を持ったリーダーを育てる必要性があることを強く感じました」。グロービス経営大学院の堀義人学長の言葉です。

東北を変えていくためのビジネスリーダーの創出を目指してスタートした仙台校に協力企業が現れました。高級車ベンツを販売する、ドイツのダイムラーAG社です。ダイムラーは、東北のリーダーを支援する取り組みへの支援を検討していました。その中で、日本財団の青柳光昌さんのコーディネートによって、グロービス仙台校が事業パートナーに選ばれたのです。事業名は「ダイムラー・日本財団イノベーティブリーダー基金」（以下、ダイムラー基金）で、2012年4月から2015年3月までの3年間、復興にかける想いをもつ受講生に対して奨学金を提供するものでした。また、受講だけで終わらないように、新規事業を起こした受講生15～20名に対して、一事業あたり500万円の開業資金を提供しています。総額2億円の支援金が、東北の復興リーダー育成に投じられたことになります。（注13）

こうした取り組みもあり、岩佐大輝さん（株式会社GRA・山元町）のようなその後の東北復興を担うリーダーたちがグロービスで学び、さまざまな事業が生まれました。例えば、岩佐さんは、1粒1000円のイチゴを東京の伊勢丹で販売したことで有名になりましたが、「ミガキイチゴ・

ムスー」というイチゴを使ったスパークリングワインも開発しています。この商品は、岩佐さんが世話役としてかかわっていたグロービス仙台校のマーケティングクラスの受講生が考えたものでした。受講生の中にはロゴをデザインする広告代理店社員がいたり、ワイナリーとの調整や、商品の缶の開発を担う人もいました。またダイムラー基金から、500万円が事業に助成されています。

「本業こそが、役に立つと思っている」。グロービス仙台校設立をリードした田久保さんの言葉です。5か月で新しいスクールを立ち上げられたのは、東京で積み重ねてきた事業の知見と、支える人材がいたからです。ただ、唯一心配だったことは、実際に受講生が集まるかどうかでした。東京では通用するソーシャル・ネットワーキング・サービス（交流サービス）による情報発信はほぼ効果がなかったそうです。効果があったのは、担当者が仙台の重要人物一人ひとりと関係を築き、その方からの発信によるものでした。また、東京校の受講生が、仙台支店駐在の同僚を直接誘ってくれたことも効果がありました。東京での経験と、仙台での試行策があいまって、ようやく実績をあげることができたのです。

●──希望の虹をかける

堀代表は仙台校の取り組みとは別に、震災から3日後の2011年3月14日に、救援・復興支援プロジェクトをスタートさせています。「希望に向けた被災地の支援」「世界との懸け橋」「義援金の募集」をコンセプトとして、「希望」「Rainbow（虹）」を組み合わせた「ＫＩＢＯＷ」というプロジェクトです。

ＫＩＢＯＷ（注14）の主な取り組みは、被災した各地域でのリーダー支援です。２０１５年は、7月12日に宮城県女川町と山元町で活動する団体10組が提案を行い、「学びの森構想」「就農移住者の増加事業」「障害者によるアート創り」といった取り組みに対して、総額２００万円の支援が行われました。9月26日には、岩手県洋野町で「洋野町のかわいい商品でまちづくり」「北三陸地域の東京活動」などの7組が発表を行い、俳優の辰巳琢郎さんも審査するなか、合計１００万円の支援が行われています。この他にこれまでに、47か所で大会が開かれ、年間５００万円の支援を行っています。累計では、70近くの団体に支援が行われました。この活動の中にも、地域のリーダーを育てるというグロービスの視点が組み込まれています。

ＫＩＢＯＷはグロービスから独立した一般財団法人ですが、その運営はグロービスのスタッフが無償で支え、ＫＩＢＯＷの取り組みがグロービスにも良い影響を与えています。ＫＩＢＯＷを通じて知り合ったリーダーが、その後に仙台校の受講生になることもあります。また受講生からリーダーが生まれることもあり、好循環が生まれています。

●――社会的インパクト投資

ＫＩＢＯＷプロジェクトはさらに活動の範囲を広げています。２０１５年9月1日、ＫＩＢＯＷはＫＩＢＯＷ社会投資ファンド（以下「ＫＩＢＯＷファンド」という）を設立、社会的インパクト投資という新しい考え方による投資活動を行うことを発表しました。(注15)

この手法は、社会貢献と経済的収益を同時達成できる取り組みに投資をするというものです。一般に社会貢献活動は、寄附や補助金をもとに行われます。他方、活動費の20パーセント程度は管理費で、人件費を中心とした固定費となります。景気が悪くなければ寄附は落ち込みますし、補助金は数年で切れます。固定費の割合が大きいと、数年で事業が継続しなくなってしまうおそれがあります。復興の現場で、3年程度で支援活動の撤退が相次いだ原因はここにあります。数千万円という支援を受けてしまい、持続性を失った団体が多かったのです。社会的インパクト投資は、この問題の解決を図るものです。社会的成果を出すことは前提としながらも、あくまで収支が合う取り組みを支援するのです。

ＫＩＢＯＷファンド設立と同時に、株式会社愛さんさん宅食（小尾勝吉社長）(注16)への１０００万円の投資も発表しました。

小尾さんは、地域の社会課題を事業を通じて解決することを目指しています。第1弾のサービスである宅配食事サービスの提供は、高齢者の在宅介護の支えや生活習慣病予防を目的にしています。また、従業員に障害者やシングルマザーを積極採用することを表明していて、弱者就労支援にもつなげたい考えを持っています。２０２５年までに１０００名の弱者雇用を生み出すことが、企業目標として掲げられています。

ＫＩＢＯＷファンドは、この事業に対して投資を行い、同時に事業拡大や利益確保に向けたアドバイスを進めることになります。一般に、通常の未上場企業向け投資（ベンチャーキャピタル）では、投資上の収益（ＩＲＲ：内部収益率）は年間40～60パーセントを目指します（ここから管理費用を引いて、ファンド全体では20パーセント程度が内部収益率になります）。また投資期間も、５年ほどで資金を回収（株式公開や売却など）します。一方でＫＩＢＯＷファンドは、そこまでの高いＩＲＲは求めず、また通常のベンチャーキャピタルよりも長い10年間単位での投資育成を目指しています。また一般には投資対象にならない案件であっても、社会において重要な役割を果たしているのであれば、積極的に検討する方針です。しかし寄附と比べれば、事業としての継続性が高いですし、また出資者への説明責任もより強く果たされることになります。経済的な魅力がやや低いといっても、寄附ではなく社会的投資を行いたいと思う支援者もいるでしょう。

グロービスはもともとベンチャーキャピタル部門（グロービス・キャピタル・パートナーズ）を持っていました。ここでの投資知見が、ビジネススクールを実践的な内容にしています。また２つの面で、復興支援でも相乗効果を出すことが期待されます。一つは、グロービスの投資の知見を東北に適用することであり、もう一つは、東北での社会的投資の知見を仙台校での社会事業家育成に活かすことです。ＫＩＢＯＷファンドの投資担当者である山中氏は、グロービス・キャピタル・パートナーズでの勤務経験があり、ベンチャー企業で活躍していたこともありました。同時に、仙台校において社会的な事業計画を策定する講義の教官でもあります。ここでも、本業の強みを活かしながら、また他部門の知見にも反映させていくグロービスの姿勢をうかがうことができます。

ＫＩＢＯＷファンドは、第1弾は5億円で組成されていますが、今後20億円まで引き上げていくことを目指しています。

(3)　本業を活かして社会に貢献する

優秀な人材確保という、被災地や非営利組織が抱える難しい課題を、リクルートキャリアはなぜ解決しつつあるのか。3つの理由が挙げられます。一つ目は、本業を通じて就職や転職を考える多くの個人を母集団として持っていることです。これは圧倒的な強みですが、しかしこれだけでは、難条件の組織に人はいきません。そこで二つ目として、人を求めている団体に対して採用コンサルティングを行っています。募集広告の文面をつくるだけではありません。人材が定着し、順調に成長するための道筋を、経営者とともにつくりあげるのです。これは、膨大な採用業務を行うリクルートキャリアならではの取り組みです。三つ目が、横のつながりづくりです。被災地にせよ非営利組織にせよ、個別には若い職員自体が少ないわけですが、地域や分野で見れば全体としてはそれなりの数になります。リクルートキャリアがある分野で面的に採用支援を行うことで、その分野に集まる採用担当者同士のつながりをつくることができます。

グロービスも、自組織の強みを活かした支援を実現しています。国内を代表するビジネススクールの運営実績を通じて、仙台での起業家教育を迅速に立ち上げることができ、その信用性から他企業・財団との連携を可能としました。グロービスは、ベンチャー投資分野でも、卓越した実績をあげています。そうした知見があるからこそ、投資事業を組み立てることができました。

1のキリンとヤマト運輸は、地域への深い貢献を経て、結果的に自社の事業強化に成功しています。2のリクルートキャリアとグロービスは、現地課題を深くとらえた上で、自社の強みを活かすことで地域貢献を迅速に達成しました。この4社の事例から、社会貢献と事業強化は、上下関係にあるのではなく、正の循環（フィードバックループ）を回せる関係にあると考えることができます。

3　支援企業と被災地をつなぐ

ここでは、企業による社会貢献活動が地域にとって真に実りあるものとするために、地域における多様な主体と連携・協働をしている事例として、三菱商事およびＵＢＳをみていきます。あわせて、企業と行政、地域住民等との協働をコーディネートするＲＣＦの役割についても紹介します。

(1) 迅速性と継続性――三菱商事

――地域産業の復興

２０１５年10月27日、福島県郡山市で、ワイン醸造施設の竣工式が行われました。福島を代表する果物である、桃・梨・リンゴを活用し、また新たにワイン用ブドウの生産を開始する農家を支援して、ワインやリキュールを製造する施設です。２０１６年に最初の出荷が予定されていて、将来は年３万リットルのワインとリキュールがここから生み出されることになります。施設にはセミナールームも設けられ、ワインづくりの勉強会や地域の方の憩いの場として、福島の産業と人をつなぐ拠点になることを目指しています。

福島の果物生産農家は大きな課題を抱えています。生産される果物への２０１１年の原発事故の影響は限定的でしたが、安全性が確かめられた後も、販売量はなかなか戻っていません。そうしたなかで、近代的な設備をもった醸造施設がつくられ、新しいブランド形成につながることは、福島の農家にとって大きな意義があります。

この施設を所有するのは、三菱商事復興支援財団です。福島の農業を支え、地域の復興のためにワイン醸造施設をつくり出しました。桃・梨・リンゴ・ブドウなどを年間30〜50トン調達し続けて、お酒づくりに活かしていきます。狙いは、福島の農業・観光・物産などの地域産業の復興です。

施設は、三菱商事復興支援財団と郡山市が連携して進めている果樹農業６次産業化プロジェクトの拠点となります。(注17) 三菱商事と郡山市は農業・観光・物産をともに進めるための連携協定を2015年2月に締結し、郡山市は、醸造施設の敷地を貸し出し、このプロジェクトにかかわる農家を推薦しています。三菱商事復興支援財団にとって、地域とのつながりをつくる上で、どの生産者と付き合うのかが重要なポイントになります。ここに郡山市役所のもつネットワークが活きました。

三菱商事復興支援財団のワイン醸造施設

郡山市がプロジェクトの相談を受けたときに、真っ先に三菱商事復興支援財団に聞いたことは、「いつまで支援を続けるのか」ということでした。一過性の支援であっては、市役所としても負担が大きく、事業にかかわる地域の生産者にも説明が難しくなります。長期にわたる支援が可能かどうかを、郡山市が気にかけたのです。三菱商事復興支援財団では中長期の方針を示し、また郡山駅前に事務所を設け、9名を駐在させています。そうした意気込みを市役所も理解し、連携強化につながっています。

三菱商事復興支援財団は、この施設をつくるまでにも、44の事業に投融資を行うなど、幅広く支援を行ってきましたが、事業を自ら行っていませんでした。自ら施設を保有することで、責任やリスクは伴うが、地域からの受け入れられ方が大きく変わったと、担当者は話しています。果樹農業の6次産業化モデルを郡山で生み出し、そのモデルを、福島の他地域にも広げていくことを目指しています。

100億円の支援

三菱商事による復興支援の取り組みの経緯を振り返っておきます。

2011年の震災直後、小林健社長が被災地を視察し、民間企業として何ができるかを考え、復興支援に取り組むために4年間100億円の基金を創設しました。この基金を発展させる形で、三菱商事復興支援財団は2012年3月に設立されています。

支援の柱の一つとして行われたのは学生支援奨学金です。国内の大学学部、大学院修士課程および短期大学に在籍する学生を対象に、月額10万円を1年間にわたって給付するもので、2011年度から2014年度までに、のべ3695名の学生に約44億円を支給しました。

また、NPO向けの支援も特筆すべきものがありました。被災地で復旧・復興支援に携わるNPOなどの非営利団体に対して助成が行われています。2011年度から2014年度までの4年間に行われた425件、累計約10億円の助成金は、就労支援や雇用創出につながる事業等の活動に活用されています。(注18) 2013年度からは、より継続性があり、また広域の取り組みに対しての支援を推進するため、２０１３年度は48件、２０１４年度は８件にまで絞っています。

ボランティアの派遣も、企業のなかでは最大規模です。(注19) ２０１４年12月末までに、三菱商事のグループ企業も含めた社員のべ３５２９人がボランティアとして、現地ボランティアセンターやＮＰＯなどの協力を得ながら、宮城県仙台市、石巻市、南三陸町や、岩手県陸前高田市などで活動を行いました。

支援ＮＰＯに対して社員ボランティアが赴くなど、複数の支援策を抱えているからこその相乗効果も生まれているとのことです。(注20)

三菱商事は、ヒト・カネの両面にわたり、国内企業最大級の支援を行ってきました。ただし、三菱商事による支援の真骨頂はこれらにはありません。２０１２年から進めてきた、産業復興・雇用創出に向けた取り組みが、三菱商事による支援を特別なものとしています。

●――補助金ではなく投融資

２０１４年までの３年間で、三菱商事は復興支援財団を通じて44の事業者に対して、計20億円の出資・融資を行ってきました。例えば、２０１２年に起業した株式会社ＧＲＡ（岩佐大輝代表、宮城県山元町）には、５０００万円を出資しています。この財団資金は、イチゴの通年栽培事業や新規就農支援事業に活用されており、同社はＩＴ技術を駆使した事業の展開を通じ、ブランド化を目指しています。

なぜ寄附ではなく、返す必要があるお金にこだわってきたのか。もちろん利益を得たいからではありません。出資を行ったとしても、事業が軌道に乗り利益が出るまでは配当は猶予しています。仮に配当が実現したとしても、財団に残すことはせず、自治体や地域のための基金に寄附するなど、あくまで公益事業に再投資するとしています。

渡し切りのお金では、受け取る事業者側にモラルハザードが起きる可能性があります。実際に、そうした事例も生じています。例えば、被災した事業者向けに、政府と被災三県は累計で４５００億円の補助金を出しました。被災地域の雇用を守り、また暮らすために必要なサービスを残すためには、補助金を出す必要もあります。一方で倒産することを見越して、補助金を詐取したケースもあります。

こうした事態を防ぎ、健全な地域経済に変わるためには、どこかのタイミングで、補助金ではなくて出資融資に変わる必要がありました。復興に時間がかかるなか、政府がそうした「本音」を出すことは難しい面がありますが、三菱商事は民間だからこそできる取り組みを実行したのです。

公益事業が収益を生み出し、その収益がふたたび公益にまわる。支援を持続可能なものにする取り組みですが、同時に公益財団法人にもかかわらずリスクマネーを持っている、初めての状況とも言えます。復興における三菱商事の挑戦は、地域や事業支援のモデルとなるものでしょう。三菱商事では今後は、これまでの施策を継続し、復興を目指す事業者への投融資を行う一方で、起業案件に対しても注力していくとのことです。

●——社長からの訓示

「過去4年近くに亘り、三菱商事復興支援財団を通じて約40社に出資して、その成果が出ています。本年は、CSRの担当部局だけでなく、各営業グループがこれを頭の片隅に置いて、今までより一回り二回り大きな規模でより大きな雇用を創出していくことに、協力してもらいたいと思います。現場主義を続けることと、東北の地方創生及び雇用創出に取り組むことが今年の抱負です(注21)」。

2015年1月5日、小林健社長は、全社に向けた年頭挨拶の最後に、東北復興のことを強調しました。この内容を受けて、三菱商事は同年4月17日、4年間の予定であった復興支援活動を延長し、5年間分の活動資金として、35億円の追加拠出を行うことを決定しています(注22)。追加の期間や金額として、ここまでの内容を出した企業は他には例がありません。日本の社会課題解決の現場の一つとして、三菱商事は東北復興を選んだことになります。

三菱商事では、復興支援を進めるにあたって2つのキーワードを掲げて活動してきました。その2つとは、「迅速性」と「継続性」です。三菱商事は、どの企業にも先駆けて、新しい支援の枠組みを提示し続けてきました。そうした取り組みが、長期にわたって成果を出せるか。企業による社会貢献が、復興を機にさらに広がるかどうかは、三菱商事の取り組みにもかかっていると言えます。

⑵ 地域に入り込んでの支援―UBSグループ
――グローバル企業が釜石市と協定を結んだ

「釜石市の持続可能な地域づくりに向け、コミュニティの再生を支援したい」。世界的な金融機関である、UBSグループ(注23)のジャパン・カントリー・ヘッドの中村善二氏の言葉です。

2014年6月、UBSと釜石市役所、RCFは三者共同宣言を発表しました。これは、釜石市における地域コミュニティの再生に向けて、企業・行政・非営利組織の三者が、専門性や知見を生かして協働することで、多様な地域住民が主体的にまちづくりにかかわる環境をつくっていこうというものです。このような異なるセクターの三者が共同宣言を行うのは復興分野において国内初めてのことです。注目も高く、地元メディアが多数記者会見の場に集まりました。

震災から2015年末に至るまで、UBSでは延べ797人の社員が、2万1576時間のボランティアに取り組んでいます。RCFへの寄附により釜石市に常駐のコーディネーター4名を配置。加えてUBS社員ボランティアは、地域の住民と信頼構築を重ね、地域行事の復活や商品開発、コンサルティング、新規事業の創発など、いくつものプロジェクトを推進しました。そうした活動を、どのような経緯でいかに進めたのかを説明します。

●──半信半疑からの支援開始

ＵＢＳが東北復興への支援を決定したのは、発災後72時間以内のことです。世界中のＵＢＳ社員からの寄附金に会社が同額を上乗せして、震災から1週間後の3月18日には同日の日本株式の取引手数料の寄附を実施。総額で4億円強の寄附を拠出しました。こうした迅速さと共に、２０１１年の震災直後に「5か年計画」を策定し、被災地域の変化するニーズに対応し、コミュニティ再生の支援の枠組みを打ち出したことが高く評価できます。ＵＢＳは、初動時点から、最終的には、現地の団体や市民が主体的に復興後のまちづくりを進めることを目標に置いていました。

釜石市RCF協定

釜石市での活動を開始したのは、２０１２年6月です。すでに現地のニーズに寄り添う支援を石巻市牡鹿半島で行っていましたが、社員の専門性や技術も生かし、中長期にわたる地域コミュニティの再生を支援することを検討しており、釜石市とＲＣＦをパートナーに選んだのです。

「多様な地域主体によるまちづくり」を目指すため、地域への関係構築は慎重に行われました。私は、釜石市の嶋田賢和副市長（当時）と縁があった関係から、コミュニティ形成の必要を釜石市に訴えました。当時は震災から1年余りで基本的なインフラの復旧もままならない状態でした。今でこそコミュニティ形成・地方創生は復興の大きな柱になっていますが、当時はまだ行政にもそうした認識は低かったように思います。阪神・淡路大震災や中越震災などの経験を振り返ってみても、震災によって地域コミュニティの力が弱まり、孤独死や自殺をはじめとしたさまざまな課題が出てくることもわかっていました。グローバル企業であるＵＢＳは、スマトラやハイチといった海外の大規模災害地での経験からも、震災後の中長期による住民主体のコミュニティ形成の重要性を理解し、住民のニーズを汲み、地域の多様な主体を力づける取り組みの必要性を訴えました。そうして、三県の市町村のなかでも釜石市が率先してコミュニティ形成に協働することを決断してくれたのです。

●――〝よそもの〟が〝うちわ〟に

ＵＢＳとＲＣＦの取り組みは、釜石市の唐丹町地区でスタートしました。まずは地域を知ることから、支援は始まります。ＵＢＳの寄附によりＲＣＦは4名のスタッフを復興コーディネーターとして常駐させています。彼らは仮設住宅の一角を借りて暮らし、ときに、地域のボランティアを行いながら地元を知り、そして地域で中心となって動いているキーパーソンと知り合いました。そうして段々と「うち寄ってけ」と言われ、お酒を飲みながら郷土料理をごちそうになったりします。そこから、ようやく地域や復興についての本音を聞くことができます。「よそもの」が「うちわ」になる瞬間です。地域や人にもよりますが、ここまで3か月から半年ほどはかかります。

唐丹町地区の初期の成果には、被災時の体験をまとめた文集制作もありました。UBSの社員ボランティアとRCFのコーディネーターは、丹念に住民の聞き取りをし、震災によって地域の記録と記憶が失われてしまわないよう「千年後への伝言」という震災記録文集をまとめました。完成した冊子は、郵送するのではなく、住宅を一軒一軒、手渡しで回りました。震災後は人の移動も多いため、誰がどうなったのかわからなくなります。この取り組みを通じて、唐丹地区の住民同士、そしてUBSやRCFも地域の震災前後の様子を知り、また現在どんな暮らしをしているのかを知ることができ、地域の震災後の1ページを共に刻むことができました。

●——地域中心のまちづくりへ

唐丹町地区での取り組みが釜石市役所からも評価され、2年目からは釜石全域での活動が始まりました。UBSによりRCFが現地に派遣したコーディネーターは、国の制度（復興支援員）を活用して、県内外から13名を採用し、釜石リージョナルコーディネーター「釜援隊」の設立に寄与しました。釜援隊はＲＣＦと共に、地域活動を支えることにとどまらず、漁業や商店街の再生、住民間の合意形成支援などに取り組みました。

ＵＢＳの最終的なゴールは、多様な地域主体によるまちづくりにあります。その大きな一歩が、２０１２年から始まった「ＮＥＸＴ　ＫＡＭＡＩＳＨＩ」との協働でした。この団体は、釜石の30代の若手事業者を中心とした集まりで、個々の事業の枠を超えて、まちの復興と発展のために活動を行っています。代表的な取り組みが、「釜石よいさ」の復活です。釜石よいさは、釜石最大の夏祭りでしたが、震災によって中止を余儀なくされていました。２０１３年３月、ＮＥＸＴ　ＫＡＭＡＩＳＨＩのメンバーとＵＢＳ社員ボランティアが共に、地域の住民が本当に祭りを復活させたいと思っているのか、釜石各地で１００人にアンケートを実施しました。はじめは慎重だったＮＥＸＴ　ＫＡＭＡＩＳＨＩのメンバーは、アンケート結果から住民が釜石よいさの復活に大きく期待していることを知ります。資金の調達や開催場所の安全確保など多くの課題を乗り越え、６か月間の準備を経て、２０１３年９月、釜石よいさは復活を遂げました。以来、毎夏、釜石市ににぎわいをもたらしています。

⑶　コーディネーターの大切さ──一般社団法人ＲＣＦ

●──企業と地域をつなぐ

ここまで６つの企業による復興への取り組みを紹介してきました。ここで、企業と地域をつなげる役割を続けてきた、一般社団法人ＲＣＦの活動についても触れておきます。ＲＣＦは、震災前は主に新興（ベンチャー）企業の設立と事業拡大を支援する株式会社でした。同時に、ＮＰＯ向けの助言も一部で行っていました。震災直後に、縁あるＮＰＯがすべて東北に入っていったこともあり、何かしらの形で東北復興の役に立てればと考え、最初は「３か月」または「１００万円の自費がなくなるまで」と線をひいて、それまではとことんお手伝いをしようと決めました。しかし、復興支援において明確なニーズが見えてきたこともあり、３か月は1年に、1年は3年にと延長して、５年を迎える今では復興にかかわることを事業としてＲＣＦを経営しています。

明確なニーズとは、支援したい企業の悩みです。数百という企業が東北復興に予算を投じ、ここで取り上げた6社を筆頭に数十という企業が本業と連動した支援を行おうと考えました。ただし、企業単独で地域と深く関係をもつことは容易ではなく、ＲＣＦは企業と地域の間に入り互いの利害を一致させる「コーディネーター」としての役割を担いました。

以下では、ＲＣＦがかかわった事例を紹介しながら、コーディネーターの重要性を記します。

●――企業と地域をコーディネートした3つの事例

キリンとは、支援を地域事業者につなげる役割をＲＣＦは果たしました。単なる復旧ではなく、高い付加価値をもつ事業に発展するべく、地域の事業をブランド化する取り組みをキリンは探していました。しかし被災事業者は元に戻すことに必死であり、新しい取り組みを行う余裕はありませんでした。そこでＲＣＦは、地域の事業者と関係をつくるとともに、キリンが目指している取り組みを行うための動機（モチベーション）の有無を確認し、その上で事業者が事業計画をつくる過程を伴走しました。支援側であるキリンとしては、被災事業者を直接厳しく審査することはできません。支援を受ける地域からも、支援者であるキリンに対して本音を話すのは容易ではありません。そこでＲＣＦは、間に入り、両者が納得できる支援や事業のありかたを模索する役割を果たしました。

ＵＢＳとは、釜石市役所ならびに釜石の地域住民・事業者との協働をコーディネートしました。ＵＢＳは中長期にわたって釜石のまちづくり支援を行うことを決めており、隔月1回は二十数人のＵＢＳ社員が釜石でボランティア活動を継続しています。ＲＣＦの釜石常駐コーディネーターは、市役所、仮設住民、事業者と関係をつくり、ＵＢＳと地域を本音でつなぐ役割を果たしました。

ＲＣＦは、資生堂とも東北での活動を協働しています。資生堂のシンボルマークは椿で、椿の実がとれる北限は、震災で被災した大船渡市でした。そのために大船渡を重点支援先と位置づけて、椿の植樹であったり、椿油をつかったドレッシングや化粧品（リラクシングミスト）の開発販売を行っています。資生堂としては、大船渡において椿を用いたまちづくりや産業が生まれることを期待していました。担当者も1～2か月に1回は大船渡を訪問していましたが、震災復興で多忙ななか、市役所も地域事業者も椿プロジェクトの推進に時間がかかります。そこでＲＣＦが間に入り、現地に１名常駐させながら、事業を推進する形を整えました。

●――ＮＰＯをつなぐ

いずれのケースでも、ＲＣＦは、企業と地域・行政をつなぐ役割を果たしています。事業開発、ミッションの浸透、戦略的な社会貢献など、企業が地域・社会とつながる理由は広がっています。しかし、そのためには地域と関係を築き、また深く地域の課題を理解する必要があります。企業担当者が一人ですべてを担うのは困難であり、そこにＲＣＦという「コーディネーター」が果たしうる役目があります。

ビジネスセクターからソーシャルセクターへの人材流動化を進めるリクルートキャリアによるＢ to Ｓプロジェクトでも、ＲＣＦはコーディネート役を担っていました。ＮＰＯは企業と違い、利益創出ではなく社会課題解決がミッションの組織です。そのため、他社との連携（アライアンス）、組織の知見（ノウハウ）共有、社内の合意過程など、いくつかの観点で判断基準が企業と異なります。そうしたＮＰＯの特性をリクルートキャリアにも理解いただき、協働で事業を設計するとともに、適切なＮＰＯを紹介したのです。地域や行政に限らず、ＮＰＯとの連携においても、コーディネーターが必要となるのです。

(4) 地域とつながり、成果を拡大する

三菱商事は、奨学金やＮＰＯ支援など、行政が短期的には進めづらい施策を中心に行い、現在では、継続的な取り組みにするために、投融資による支援を中心に据えています。その中では、地元金融機関をパートナーとして、支援案件の確保や支援後のフォローアップを行っています。さらに福島県郡山市では自らが醸造施設をつくり、地域農業の活性化を図っています。ここでは郡山市をパートナーとし、連携する農業生産者の選定や、地域のサポートを得ています。

ＵＢＳは、ＲＣＦをパートナーとし、その後は地域の若手起業家・事業者のグループ「ＮＥＸＴ ＫＡＭＡＩＳＨＩ」を連携・支援先として、夏祭り復活をはじめとした活動を進めました。

１、２で紹介した企業は、地域課題解決と自社の強みの活用を両立させながら、支援を継続させていました。本項の三菱商事とＵＢＳにおいて見られたのは、地域や行政と強いパートナーシップを結ぶことで、活動の横展開や深化を実現させていることです。東北復興の現場では、多様な利害関係者（ステークホルダー）の連携が数多く実現できた点が大きな特徴として挙げられます。そして、利害関係者をつなぐ役割として、ＲＣＦのようなコーディネーターが各地で活躍しました。

第2講 企業と社会貢献

第1講では、東日本大震災の復興において大きな役割を果たし、引き続き東北へのかかわりを続けている企業6社を取り上げ、その活動の意義について説明してきました。第2講では、企業による社会貢献の新潮流が、いかなる時代背景のもとで生まれてきたのかを説明します。そして、社会課題が複雑化する日本社会において、今後、いかなる役割を果たすことが企業に求められているのかと、その上での課題について、整理します。

1　日本企業は、社会貢献といかに向き合ってきたか

東日本大震災後に、企業による社会貢献は大きくなりつつあります。しかし、こうした動きは必ずしも突発的ではありません。1970年代以降の社会貢献の移り変わりの延長線上に、震災後の変化があることがわかります。

(1)　企業批判をかわすための社会貢献―1970年代～1990年代

日本企業の社会貢献の取り組み方に変化が起きたきっかけは、1960年代の公害問題からでした。企業が社会の役割を担おうとせずに、経済性だけを求めてきたことに批判が集まり、「企業の社会的責任とは何か」の議論が行われました。その結果、大手企業を中心に社会問題に対応する組織がつくられていきます。1972年に、日立が財団法人公害調査センター（2001年に日立環境財団に改称、2015年に日立財団に統合）を設立し、1974年には、生活と環境、社会福祉を目的としてトヨタ財団が設立されました。自社が関係している環境問題に対応し、関係団体などに助成していました。

1980年代からは、文化芸術分野に対する支援（メセナ活動）が数多く実施されます。1990年代初頭のバブル景気に頃に、派手なメセナが行われます。企業が美術品を求めたり、美術館や音楽ホールを設立・運営するといった流れが広がります。しかし、バブル崩壊により、こうした取り組みの多くは姿を消します。

1970年代から1990年代は、公害、株価といった自社の周囲の状況に合わせた社会貢献活動になっていたわけです。

(2)　欧米に合わせるための社会貢献―2000年代

2000年代に入ると、グローバリゼーションの進展に伴う貧困・格差問題の発生と、環境問題が国際社会で大きく取り上げられます。こうした世界的な問題に対して、企業による社会的責任(Corporate Social Responsibility：ＣＳＲ)が問われることになります。

これまでと異なり、ＣＳＲが経営に影響を及ぼすようになった背景に、利害関係者(ステークホルダー)が多様化した点が挙げられます。１９９０年代までは地域および行政・メディアが主な対応先でした。しかし、２０００年代には、投資家・顧客・取引先が含まれます。年金基金等の機関投資家が力を増すなか、そうした投資家が企業の社会的責任の有無によって投資行動を変えるようになったのです。また消費者団体の発言力も増しています。さらに各国の大手企業が社会的責任を自社のみならず取引先全体(バリューチェーン全体)にも求めた結果として、海外企業と取引がある国内企業もＣＳＲを意識した取り組みが必要になりました。

国内でも、１９７０年代の「社会貢献ブーム」のときと同様に、２０００年代にはふたたび企業の不祥事が相次ぎました。そうした背景もあって、２０００年代には社会的責任を果たすための組織の立ち上げが急増します。例えば、ＣＳＲ関連部署を設立した企業は、２００５年の25・6パーセントに対して、２０１３年には73・2パーセントになりました。ＣＳＲ担当役員も、２００５年の35・2パーセントから、２０１３年には65・8パーセントにまで増えています。経済同友会も次のように指摘しています。(注24)「経済同友会が21世紀における企業の社会的責任(ＣＳＲ)の意味合いとその重要性を提唱してから11年余が経過した。すでに『ＣＳＲ』という言葉は企業経営の日常用語となり、各社においてさまざまな取り組みが進展している」。

⑶　震災でとらえ直される社会貢献―2011年～

1970年代は消費者運動や公害に、2000年代は、世界的なCSRブームと、企業不祥事に伴うコンプライアンスへの対応でした。2000年代までの企業による社会へのかかわりは、社内外の環境変化に対応した取り組みに限られていたと言えます。

2011年の東日本大震災を機に、日本企業による社会貢献のあり方は変貌します。三菱商事は135億円、ヤマト運輸は142億円、キリンは60億円を、各企業は横並びではなく、独自の判断で支援金を設定します。この流れは震災直後の緊急期にとどまりません。グロービスは自社ノウハウを活かして東北にビジネススクールを立ち上げ、また復興を支える企業への社会的投資スキームを組み立てます。リクルートキャリアも、人材採用・研修における自社ノウハウを活かして、ビジネスベースだけでは成立させることが難しい被災沿岸において人材マッチング事業を進めています。受け身ではない、積極的な社会貢献のあり方へと、企業は舵を切ったわけです。

こうした企業の取り組みが、社会貢献に関する理論体系において、いかに位置づけられるかを、次の2において説明します。

2　企業による社会貢献に関する3つの先行理論

「戦略的ＣＳＲ」「利害関係者との対話から協働へ」「グローバル・ガバナンス」という３つの潮流がＣＳＲ分野にはあります。２０１１年以前の日本社会では、理論の紹介はあれど、十分な実践は行われませんでした。しかし震災後には、第１講でも取り上げた企業をはじめ多くの企業が積極的に東北にかかわり、結果としてＣＳＲ分野で日本は国際的水準に達したと言えます。ここでは、３つの潮流について紹介します。

(1)　戦略的CSRの実例が増える

２０１１年１月、東日本大震災の２か月前のタイミングで、“Creating Shared Value”というタイトルの論文が、米ハーバード・ビジネス・レビュー誌に掲載されました。日本語でいえば「共有価値の創造」となるその論文では、企業が社会と共に新しい価値を創出することが、企業競争力を高めることにつながると主張しました。書いたのは、企業による競争戦略論の権威である、マイケル・ポーター教授です。ここで出された「ＣＳＶ」という考え方は、世界中の企業の社会貢献の考え方に強い影響を与えることになります。

２０１１年３月以降、これまで述べてきたように、企業は東北復興に向けて数々の支援を行ってきました。その取り組みが長期化してくると、企業としては支援を行うにあたっての考え方を求めるようになります。そこで注目されたのが、CSVでした。キリンは、東北の水産業・農業への支援を行い、この取り組みは「地域との絆づくり」であると位置づけました。現在は日本全国の地域とのつながりを強めるために、一次産業の支援を行っています。2013年には、従来のCSR部門は、CSV本部に統合されています。第1講で取り上げたヤマト運輸をはじめリコー、NEC、伊藤園など、有力な日本企業がCSVの考え方を組み込んでいます。

マイケル・ポーターのCSV論の下敷きは、2006年に発表している「戦略的CSR」にあります。社会からの要求に対応する「受動的CSR」ではなく、自社の資源や取引先（バリューチェーン）全般を活かして社会に貢献し、そのことで企業競争力を強化することも目指すのが、戦略的CSRという考えです。2000年代後半からこの考えは広がりましたが、日本では東日本大震災をきっかけとして、実践事例を大いに広げたと言えます。

(2) 利害関係者との連携は協働に至る

「企業活動のプロセスに社会的公正性や環境への配慮などを組み込み、ステークホルダー（株主、従業員、顧客、環境、コミュニティなど）に対してアカウンタビリティを果たしていくこと。その結果、経済的・社会的・環境的パフォーマンスの向上を目指すことである」。

これは、国内におけるCSRの最も著名な研究者である、谷本寛治・一橋大学教授によるCSRの定義です。一般に、企業における社内外の利害関係者（ステークホルダー）に対して説明責任（アカウンタビリティ）を果たすことが、CSRの本質ととらえられています。

利害関係者との連携には3つの段階があります。

最初は「一方的コミュニケーション」で、ホームページ等を通じて、自社の取り組みを発信することが第一歩となります。続いてが「対話」で異なるセクターの利害関係者を一堂に会し、自社のCSRについて議論を行います。私も、東北復興にかかわる非営利組織を代表して、キリンの利害関係者との対話に参加しました。ここでは、CSRの研究者や、政令指定都市の幹部も参加していて、キリンのCSRのあり方について話し合われました。そして最後の段階が「協働」です。これまでの国内CSRでは、CSR部門の設置や、CSR報告書の開示を通じて、一方的コミュニケーションや対話は進んできました。一部に協働事例もありますが、寄附支援先との取り組みが多く、対等な立場での協働事例は限られていました。しかし、東日本大震災後は、UBSと釜石市、三菱商事と郡山市など、行政と企業による協働事例が増えています。

⑶　グローバル・ガバナンスの理解

「企業には唯一の社会的責任が存在する。それは、企業の利益を最大化するように経営資源を用いて、経営活動を行っていくことである」。1970年代に、新自由主義を提唱した経済学者ミルトン・フリードマンは、このように発言しました。企業は経営活動に専念すればよく、社会貢献を行う必要はないとしたわけです。現代の日本でも同様の考えに立つ経営者も見られますが、時代の趨勢は異なる方向に進みました。

地球環境問題、途上国の人権問題、世界的に広まる若年失業者や社会的排除、テロや内紛などの問題を通じて「グローバル・ガバナンス」という考え方が主流になったのです。これは、環境や人権、感染症、国際テロといった国境では区切れない課題に対して、地域やセクターを越えて連携することが必要、との考えです。

グローバル・ガバナンスがうまれた背景には、国際機関の意識変革があります。世界銀行などが発展途上国に対して支援を行うときには、先進国の一方的な基準で行われていました。例えば、海外からの投資への積極性、法の支配、健全な財政などです。一方、多国籍企業が途上国において人権・環境への侵害を行っていたことから、地域やセクターを越えて共通の基準が求められることになったのです。

東日本大震災では、各企業が地域の復興における自社の役割を強く認識しました。ヤマト運輸は宅急便を通じて、リクルートキャリアは採用活動を通じて、復興に寄与しています。他にもコンビニエンス会社は、津波で流された地域において、日用必需品を届けるために真っ先に店舗をオープンさせました。住宅メーカーは、大量の仮設住宅が必要になった東北で、ノウハウをおしみなく提供しました。復興というプロセスにおいて、経済活動を越えた役割と責任があることを、企業は自覚したのです。

とりわけ海外に事業展開している企業は、海外地域での貢献を行い始めています。東北での実践的な経験が、世界の問題にコミットすることを、企業に促したといえます。

3　企業による地域へのかかわり方の3ステップとは

第2章では、東北復興を通じて、いかに大手企業が社会と地域へのかかわりを強めたか、またそうした動きが、国内の社会貢献の歴史において、いかに位置づけられるかをまとめてきました。ここでは、企業が地域と正しくパートナーとなるための要諦について考えていきます。自治体や、地域の民間団体にとっても、企業と連携するポイントを理解いただきたいと思います。

企業による地域へのかかわり方を整理すると、「関係構築」「体制」「発信」の3つのステップが重要です。ビジネス上の取引と、地域とのかかわりは異なります。このステップを意識することで、違いを乗り越え、中長期にわたり成果を出せる活動を実現することができます。

(1) 関係づくりから

企業が地域にかかわる上で、当初にやってはならないことがあります。それは、「提案すること」です。復興のタイミングで、いくつかの企業は被災自治体に対して、分厚い提案書をたずさえて訪問しました。訪問すると、自治体は話は聞きますが、その案件が先に進むことはありません。震災直後の自治体は業務が山積していて、任せてよいかわからない相手の提案に付き合う余裕がなかったのです。

当初にやってはならないことには、もう一つあります。「ニーズを聞くこと」です。企業側も被災地の状況がわかりませんから、提案の前に、地域が抱える課題を知ろうとしました。しかし自治体からすれば、ニーズを伝えても相手が責任をもって応えてくれるかわからない。依頼して待って、結局何もこなかったことを被災直後に経験した自治体は、ニーズを伝えることに躊躇する状況にあったのです。

提案もだめ。ニーズを聞くのもだめ。では、どうすればよいのでしょうか。それは、「関係」をつくることです。ＲＣＦでは、地域に入って提案を行うまでに、半年以上の時間をかけます（かかった、というのが正確です）。釜石でのコミュニティ形成を始めた際に、関係をつくる上で決定的に重要だったのは「草取り」でした。住んでいる地域では、住民が朝早く集まって草取りを行います。積極的に参加することで、「ただのよそ者ではなくて、地域にかかわろうとしている」と認めていただけたのです。関係ができれば、次第に地域の皆さんが抱えている本音を吐露してくれるようになります。そして、ちょっとした仕事の依頼を携帯電話にかけてくれるようになります。

東京では、知らない人間同士でもビジネスの議論ができる環境があります。地域では、信頼関係の上で、ようやく仕事が成り立ちます。企業が地域にかかわる上で、まず行うべきことは提案でもヒアリングでもなく、関係構築です。

(2) 長く続くための体制

地域との信頼関係ができたとしましょう。そこで、果実をあわてて穫りにいってはなりません。仕事を進める前に、体制づくりを行っておく必要があります。

自治体と接するときに意識すべきは、市町村長をはじめとした幹部とだけではなく、現場担当者との関係をもつことです。市長と意気投合したものの、なかなか案件が進まなかった事例も震災後に多くありました。首長は絶対の権力者ではありません。議会の承認も必要です。また職員が働いてくれなければ、一つの政策をつくることも動かすこともできません。まして震災直後は業務が多く、一人ひとりの職員は過大な仕事を抱えていました。首長もそうした事情がわかっていますから、どれほどあり難い支援の提案があったとしても、実際に進めることには慎重になるのです。

現場の担当にとってメリットのある提案にすることが、支援する上で大事になります。ＲＣＦでは、震災直後は必ず被災自治体の復興計画をすべて読み込んでいました。承認された計画は、自治体の担当者に進める義務があります。しかし、計画の内容も多岐にわたっていて、担当者もすべてはこなせずにいました。

「この企業の支援によって、交通計画をサポートできます」「地域の被災事業者に対して、再建プランを一緒に考えることができます」「不足している人材の確保につながります」

そうした効果を伝えながら、企業による支援の受け入れをお願いしたのでした。

トップと現場。この両者が求めていることをまずは理解し、支援内容は両者にとってもいい話であることをわかってもらう。そうして初めて、被災地域での事業はスタートできるわけです。

体制づくりは、自治体だけでなく、地域の民間リーダーを巻き込むことも必須となります。自治体は2〜3年ごとに担当者が入れ替わります。一人の担当者とだけ接していては、3年以上の取り組みにはならないのです。そこで、担当者が変わらない間に、事業を担当できる地域の団体やリーダーを見つけることが必要になります。

RCFでは、東北以外の地域においても、企業の支援をつなげる機会が増えています。岩手県と福島県には常駐スタッフもいますから、地域の状況を理解しながら動くことができます。しかし、全国各地に地域駐在をおくことはできません。そこで、自治体と企業をつなぐことができる地域コーディネーターが現地にいることを、その地域にかかわるか否かの決定基準としています。

事業を進める前に立ち止まり、長く続けるための体制をいかに築くかを検討することが大切です。

(3) 組織内外への発信

震災後、東北には数百のＮＰＯが集まりました。それぞれ意義ある活動をしていましたが、被災地域で認知され、評価されている団体は多いとはいえません。地域に受け入れられている活動に共通しているのは、住民向けの広報媒体（メディア）を持っている点でした。ＵＢＳの寄附によりＲＣＦのコーディネーターが設立・運営を支援した、岩手県釜石市の復興支援員の集合体「釜援隊」は、地域のコミュニティＦＭラジオ局（はまっこラジオ）にて、毎週金曜日に活動報告を行っています。ＲＣＦが福島県双葉町から受託し活動している復興支援員ふたさぽは、全町民に配布しているコミュニティ誌「ふたばのわ」を制作しており、独自にブログも運営しています。いずれも地域住民向けのメディアであり、これらを通じて、チームの活動内容を理解いただいています。

キリンの復興支援活動（キリン絆プロジェクト）は、これまで約40地域で行ってきた支援はすべて記者発表しています。ＵＢＳグループと釜石市、ＲＣＦはまちづくり共同宣言を行った後、２０１５年から将来を担う地元高校生を対象に、地域を知り、主体的に将来を考える力を身につけるための教育プロジェクト「Kamaishiコンパス」を開始しました。こうした取り組みは地元紙に必ず紹介されていて、地域での認知を広げています。

釜援隊ラジオ活動報告

発信は、社内向けにも意味があります。ヤマトホールディングスは2011年8月に、糸井重里さんと木川眞社長の対談を、インターネットメディア「ほぼ日刊イトイ新聞」に掲載しています。(注25) その冒頭で紹介されているのは、津波を受けてがれきにうもれた南三陸町を、ヤマト運輸の宅急便トラックが走る1枚の写真です（237ページ）。この写真と、そのストーリーを二人が静かに語る様子は、何より19万人のヤマトグループ社員の心に響いたのだそうです。前述したように、三菱商事では、2015年の社長年頭挨拶において、東北での復興支援の重要性が全社員に伝えられました。企業トップの発信によって、復興支援が企業のミッションであることをあらためて社員に理解させる機会となり、また復興支援を続ける動機づけにするという好循環を果たしているといえます。

地域とのかかわりにおいて何を行うかも重要ですが、社内外の関係者（ステークホルダー）から理解を得て進めるためにも、「関係構築」「体制」「発信」という環境整備を行うことが重要なのです。

4　セクターを越えて連携できる企業・行政・NPOとなるために

ここまで、東日本大震災を契機として、企業がいかに多様な社会貢献を進めてきたか、また、こうした取り組みの歴史的位置づけ、社会課題にかかわる上での方法論まで、説明を進めてきました。本章の最後として、今後の企業による社会貢献への筆者なりの期待と、残されている課題について、整理します。

(1)　一村一社、一NPO一社

2015年2月によみうりホール（東京）で行われた東北4県・東日本大震災復興フォーラムにて、私はこれからの企業の社会貢献について語る機会をいただきました。そのときに被災4県の行政の皆さんや、企業担当者など1000人の来場者に対してお伝えしたことは「一村一社」というキーワードでした。

一村一品運動はご存じでしょう。各市町村が一つの特産品を育てる取り組みのことで、1980年に大分県で始まりました。シイタケ、カボス、豊後牛、関さばなど、日本全国に通用するブランドがこの運動から生み出されています。青年海外協力隊を通じて、東南アジアにも広がりを見せました。「一村一社」とは、一村一品運動のヒントを得た言葉で、市町村ごとに一つの企業とつながりをもとう、という考え方です。

いわゆる企業誘致とは異なります。ビジネスが世界中に広がり、また国内では人材不足が課題となる中で、工場や事業所を招くことは難しい時勢です。あくまで社会貢献の文脈の中で、企業が関係する地域とのつながりを持とうとする考え方です。ＵＢＳグループが釜石市と、資生堂が大船渡市と協働を行っていますが、そうした関係を他地域・セクターにも広げたいと考えたのです。岩手県がこの考えに理解を示し、ＲＣＦでは企業と県内被災市町村とのつなぎを担っています。

２０１６年から「企業版ふるさと納税」が開始されることも発表されています。このことで、企業が地域に寄附した際に6割まで税負担を減らすことができます。地域のさまざまな取り組みへの寄附が、いよいよ進んでいくことになります。東証一部上場企業は約１９００社です。一方で国内の市町村数は約１７００です。すべての大手企業が支援を行えば、すべての自治体に支援をつなげられる計算になります。一つの大手企業が地域にかかわることで、地域の人材育成、産業活性、交流人口増加などのテーマに対する強い支えとなります。

「一村一社」だけでなく、「一ＮＰＯ一社」と読みかえることもできます。国内のＮＰＯ法人数は５万４９７団体（２０１５年10月末現在）です。福祉、教育、まちづくり、文化、環境など、法律に定められているだけでも20分類と、多彩な社会課題の解決に向けて、ＮＰＯは努力を続けています。大手企業が、それぞれＮＰＯを支援することでも、社会課題解決は進みます。寄附やボランティアに限らず、事業計画や組織づくりといったビジネスと非営利活動に共通するテーマの支援や、企業がもつ強み・資源を活かした支援を行うことができるからです。

企業による地域や社会課題へのかかわりはまだまだ限定的です。行政やＮＰＯとの連携が進むことで、公共領域における企業の存在感（プレゼンス）はより高まることになります。これから企業が目指すべきは、現実の地域や社会課題で成果をあげ、また企業らしく横に広げていくことだと考えています。

⑵　企業内ＮＰＯ、地域の窓口、説明責任

企業が社会課題解決をより果たすために、企業自身と、連携する自治体、連携するＮＰＯの３つの視点から課題を整理します。

地域にせよ社会課題にせよ、解決を目指すためには、地域・関係団体との強いつながりと、課題に対する専門知識が必要となります。しかし社内部署で、継続的に知見をもち続けるのは困難です。会社の業績に連動するため予算が不安定であるのと、社内人事異動（ローテーション）のために専門知識をもつ社員の継続確保が困難なためです。そこで、「企業内ＮＰＯ」の設置を私はお勧めしています。企業がＮＰＯを設立し、そこに社員を出向させ、また寄附も行うことで最低限の組織をつくる。そして地域社会や社会課題解決にあたるのです。これまで、企業は財団をつくり、Ｎ

ＰＯへの支援は行ってきましたが、直接的に社会課題解決にあたるチームを持つことは多くありません。ＮＰＯ法人には資本金という概念がありませんが、預り金の多寡によって議決権を高めることはできます。企業が統治権（ガバナンス）を利かせながら、社会活動を推進することは可能です。株式会社として企業価値をあげながらも、持続的な社会課題解決にいかにあたっていくか、企業として方針をもつ必要があります。

行政にとっては、企業への窓口をつくることが必要です。東北復興の現場でも、被災自治体が企業連携の窓口をつくる事例が生まれています。企業に対する東北の窓口をつくるという意味で名づけられた「東の窓の会」では、岩手県の釜石市と大船渡市、宮城県の石巻市と女川町の4市町が定期的に会合を重ね、それぞれの企業連携の取り組みやノウハウを共有しています。また年に1回は大手企業とのマッチングイベントを実施しています。２０１５年2月には、40社が集い、小泉進次郎復興庁大臣政務官（当時）が女川町の須田町長と筆者とで鼎談し、企業による復興へのかかわりの意義について話しました。企業からみれば、自治体のどの部署に話をもっていけばよいかわかりません。窓口が一本化されていて、かつ自治体内の調整を行ってくれるならば、支援を持ち込みやすくなります。

行政とは別に民間側の受け皿を持つことも重要です。女川町では、ＮＰＯ法人アスヘノキボウ（小松洋介代表理事）が官民連携のコーディネートを担い、町役場に集まる企業からの支援を引き受けて、形にしています。釜石市の復興支援員の集合体である釜援隊も同様の機能をもっています。仮に行政に企業窓口となる部署ができたとしても、担当者はやがて変わります。その意味では、地域内の民間団体が中長期で調整役・推進役となることが求められます。

ＮＰＯが企業と連携（パートナーシップ）を組む上では、ビジネスコミュニケーションの強化が必要になります。社会貢献予算であっても、上場企業であるならば株主に対する説明責任がありま す。ＮＰＯ側からも、取り組む社会事業が、その地域が抱えている問題に対してなぜ有効なのか。また定量的にいかなる成果（インパクト）が発生するのか。支援企業にとっての意味合いは何か。そうした内容を、企業に対して説明することが求められるのです。震災以降、東北では数百の非営利団体が生まれました。しかし、企業や行政が求める説明責任に耐えられず、事業を続けることができなかった団体は少なくありません。企業経験者をいかに確保するかが、ＮＰＯにとってもこれからの課題となります。

震災復興を機に、企業による社会貢献のあり方はより直接的に変化しつつあります。セクターを越えた連携ができない企業・行政・ＮＰＯは、従来の枠組みにとどまるために成果もいま以上にあげることは困難です。一方で、セクターを越えて連携できる企業・行政・ＮＰＯにとっては、大きな機会（チャンス）が生まれていると言えるでしょう。

東日本大震災発生から5年。東北は落ち着きを見せつつあります。一方で、日本社会が災害に十分備えられているとは言えません。首都直下地震や南海トラフ地震などの大きな災害が再び生じたときに、行政・企業・NPOはより高度な対応ができるでしょうか。必ずしも時間は残されていません。より高いレベルで問題に対応できることを、それぞれのセクターに期待したいと考えています。

〔注〕
（1）キリングループ『釜石六次化研究会』（岩手県釜石市）に支援金を助成」（2014年10月1日）http://www.kirin.co.jp/company/news/2014/1001_02.html
（2）キリングループ「東日本大震災被災地支援活動『復興応援キリン絆プロジェクト』～これまでの活動と今後の取り組みについて～」（2015年3月）、2ページ http://www.kirin.co.jp/csv/kizuna/pdf/projectnewsletter2015.pdf
（3）ネスレ日本株式会社「ネスレにおける共通価値の創造」（2015年）http://www.nestle.co.jp/csv/whatiscsv
（4）CSR Communicate「キリン社長『CSVの目的は顧客にとっての価値創造』」（2013年7月23日）http://www.csr-communicate.com/csrtopics/20130723/csr-26509
（5）ヤマト運輸株式会社「YAMATO STRATEGY『東日本大震災の復興支援　ヤマトグループだからできることがある』」http://www.kuronekoyamato.co.jp/strategy/page05.html
（6）ヤマト運輸株式会社「路線バスを活用した宅急便輸送『貨客混載』の開始について」（2015年6月3日）http://www.yamato-hd.co.jp/news/h27/h27_18_01news.html

（7）　岩手日報、「実結んだネット求人」（2015年7月3日）http://www.iwate-np.co.jp/311shinsai/hukko_koyou/koyou1507031.html
（8）　河北新報「被災地での就職・定着　応援します」（2015年8月27日）http://www.kahoku.co.jp/tohokunews/201508/20150827_72028.html
（9）　株式会社リクルートキャリア「市内の企業の人材採用・育成・定着を支援　リクルートキャリア　岩手県釜石市から地域産業人材確保・育成支援事業』を受託」（2014年8月7日）http://www.recruitcareer.co.jp/news/old/2014/140807_01/
（10）　株式会社リクルートキャリア、「B to Sプロジェクト」（2015年）http://btos-project.com/
（11）　Digital PR Platform「ソーシャルセクターにおける人材採用と組織マネジメント力向上を支援する取り組みがスタート」（2015年9月30日）https://digitalpr.jp/r/13427
（12）　平成24年経済センサス（総務省統計局）
（13）　株式会社グロービス「グロービス経営大学院仙台校が、総額予算2億円規模の『ダイムラー・日本財団イノベーティブリーダー基金』の事業パートナーに決定」（2012年4月6日）http://www.globis.co.jp/news/release/20120406_mba.html
（14）　一般財団法人KIBOW「aboutページ」（2015年）http://kibowproject.jp/about/vision.html
（15）　一般財団法人KIBOW「KIBOW社会投資ファンド1号を設立」（2015年）http://kibowproject.jp/news/detail_76.html
（16）　株式会社愛さんさん宅食 ホームページ（2015年）http://www.ai-sansan.com/
（17）　三菱商事復興支援財団「郡山市と三菱商事復興支援財団の連携協定締結～果樹農業 6次産業化プロジェクトを立ち上げ福島県の復興を加速～」（2015）https://mitsubishicorp-foundation.org/wp-content/info-

uploads/2015/02/mcdrfpr150220.pdf

（18）三菱商事復興支援財団「支援先企業情報」（2015）https://mitsubishicorp-foundation.org/industry/corporateprofile/gra-inc

（19）三菱商事「ボランティア活動レポート」（2015）http://www.mitsubishicorp.com/jp/ja/csr/fukkou/report/

（20）服部宏幸『ともに前へ、ともに明日へ　あの日から4年、三菱商事の復興支援の軌跡』（2015年、新潮社）241ページ

（21）三菱商事株式会社「2015年　社長年頭挨拶」（2015年1月5日）http://www.mitsubishicorp.com/jp/ja/pr/archive/2015/html/0000026173.html

（22）三菱商事株式会社「東日本大震災復興支援活動について～復興支援を目的に35億円を追加拠出、拠出総額は累計135億円に～」（2015年4月17日）http://www.mitsubishicorp.com/jp/ja/pr/archive/2015/html/0000027148.html

（23）UBSグループは日本においてUBS証券株式会社、UBS銀行東京支店、UBSアセット・マネジメント株式会社の3法人で展開をしています。

（24）経済同友会「日本企業のCSR」（2014）

（25）ほぼ日刊イトイ新聞、「クロネコヤマトのDNA～ヤマトホールディングス社長、木川眞さんと興奮の2時間。～」（2011年8月17日）http://www.1101.com/yamato/

第3章

被災地を支えるNPO

第3章では、東日本大震災を契機に、東北を支えるために生まれたNPOの新しい動きを紹介し、それらの動きは、今後の日本社会において、どういった可能性や価値があるのかを解説します。

私は、発災3日後に、日本財団に設置された「東日本大震災災害支援センター」（名称は当時）の事務局責任者に指名されました。国内最大の民間の財団法人として、大変多くのNPOなどの支援活動を支える、また協業する立場から、この5年の間、被災地に向き合い続けました。

今回の震災では、私の経験から見ても、それまでのNPOの活動とは全く違ったものが生まれました。そこで、どういった点が違い、また何が新しいのか、特徴的な彼らの活動を振り返りながら、整理をしたいと思います。

キーワードは、「課題解決へのコミットメント」「プロフェッショナル組織としての取り組み」「戦略的な連携」です。これから紹介する多くの事例を、これらのキーワードを意識して読んでいただくと、NPOの活動も新しい時代に移ってきたことを感じていただくことができるでしょう。

第1講　NPOの活動に変化が生まれた

1　NPOが覚醒する

(1)　課題の共有化

今回の大災害では、それまでのＮＰＯの活動とは全く違った活動が生まれました。その変化とは、社会の課題解決へ強く責任をもつこと、言い換えれば責任ある組織、プロフェッショナルとしてＮＰＯが課題解決に取り組みはじめたことです。そして、その課題解決のためであれば、目指す目的が共有できれば、誰とでも何処とでも連携する、「オープン」な戦略をとるようになっています。

東日本大震災がもたらした大きな社会課題は、震災からの復旧・復興です。私たちの誰しもが疑わず、そしてぶれず、これほど共有化されたものはありませんでした。それであるがゆえに、あとは共有された課題を解決するためには、それに必要な資源を是が非でも調達する、また融通し合いながら行動をすることが求められました。こうしたはっきりとした、追い込まれた環境こそが、ＮＰＯを覚醒させていったのだと思います。

オープンな戦略をとり、プロフェッショナルとして動き始めたＮＰＯは、結果として、これまで

NPOの弱点とされていた、いわゆる「ボランタリーの失敗」（サラモン）を乗り越えるような活動となっていったのです。

(2) ボランタリーの失敗とは

ここで、具体的な事例を見て行く前に、レスター・M・サラモンが唱えた「ボランタリーの失敗」に関する論点に少しだけ触れておきたいと思います。いわゆる「市場の失敗(注1)」と「政府の失敗(注2)」を補完するものとして存在するNPOにも、限界があるとされたのが、「ボランタリーの失敗」です。これには、NPOの性格に由来する4つの限界があるとされています。

第1に、NPOは十分な経営資源（資金や人材など）を持てない、とするNPOの不十分性です。自発的な寄附やボランティアに依存することが多いのがNPOの特性です。しかし、それではサービスが必要とされる場面で必要な資金や人材が安定的に調達されない可能性が高いため、十分な力が生み出しづらいというものです。

第2には、NPOは社会の特定の人々にしか恩恵を与えられない、NPOの偏重性・特殊性です。NPOは不特定多数の受益者ではなく、宗教や地域、関心といった同じ価値を共有する特定の受益者を中心にサービスを提供する、というものです。そもそもNPOは、共通の目的を達成するために市民が自発的に組織するものです。そのため、その組織がどのような活動をするのか、誰に対してどういったサービスを提供するかといったことは、参加者の共通の価値観によって決まってしまう場合が多いことがこうした限界を生み出してもいます。

第3が、NPOの温情主義です。NPOへ資源（寄附金や人材など）提供をより多く行う社会層からの意向が反映されやすいため、活動の分野や内容が偏ってしまうことです。こうした経営資源を提供できるのが、富裕層であることが多かった時代では、例えば貧困問題を取り扱うNPOでは、その援助活動は受益者の社会的権利に基づくものではなく、慈善に基づくものとなりがちです。これでは、サービス受益者の自立の機会を奪っている可能性も否定できず、問題の根本的な解決には向かないことにもなるのです。

そして第4が、NPOのアマチュア主義です。NPOは、その資金力の問題から専門的なスタッフを安定的に確保することが難しく、活動の担い手はアマチュアのボランティアに頼ることが多いのです。しかし、現代の社会問題は複雑さを増しており、アマチュアだけではその解決に取り組むことは非常に困難です。さまざまな専門的な知識やスキル、経験をもった人材がかかわることで結果を出す、プロフェッショナル性が求められています。

(3)　ボランタリーの失敗を乗り越える—新しい動きへ

震災を契機に、オープンな戦略で不十分な経営資源を調達・補い合いながら、復興という普遍的な共有価値に向かい、社会全体に支えられるかたちで、専門的な人材が社会課題を解きにいっています。まさに、ＮＰＯに従来あった「ボランタリーの失敗」を克服する事例が生まれてきています。

ＮＰＯ単独ではなく、現地の住民や事業者、団体などの「地域」と連携しながら、またその地域を越えて課題解決に協働で取り組むＮＰＯの存在感が増しています。行政の政策テーマと連動し、被災者支援や、一次産業者などの事業者支援を行政と連携しながら取り組んでいるＮＰＯの活躍も目立ちます。また、被災地でＮＰＯなどが活動するために必要な人材や資金をマッチングする仕組みを構築しているＮＰＯも、震災後に顕著になっている事例です。地域のコミュニティ形成や産業振興に向けた施策の計画、実行の推進に向けて専門的な経験やスキルをもっている人材の確保は震災以前から地域の課題ではありました。そこで、こうした課題に応えようと地域の「外」から必要人材を集め、地域とのマッチングを推進する仕組みが誕生しています。さらには、インターネットを活用した仕組みで、現地事業者の資金調達をサポートする新しい取り組みを推進するＮＰＯも台頭してきています。

本章では、実践編として①地域での連携・地域を越えて連携を推進しているＮＰＯ、②行政との連携を推進しているＮＰＯ、③資源調達を推進しているＮＰＯ、といった3つの分類で、各々の取り組みを取り上げ、その特徴と課題、および今後の展望について考察していきます。

なお、本章で取り扱う「NPO」とは、特定非営利活動促進法（以下、NPO法）で規定されるいわゆるNPO法人だけはなく、「公益・非営利を主な目的として活動を行っている組織」とし、広義に取り扱っています。その方が、今回の東北で生まれている動きを、正確に表すことができるためです。たしかに組織の法人形態で整理をすれば、東北で公益的な活動をしている組織は、NPO法人が一番多いと思います。一方で、今回の東北での活動の特徴は、先の民法改正で設立しやすくなっていた影響もあり、その組織の目的に合わせて、社団法人や財団法人が新しく立ち上げられるケースも増えています。さらには株式会社であっても、利益第一主義ではなく、（継続性のためには利益も当然求めますが）公益を目的に活動をされている組織が多数みられます。まさに、既成のルールや概念にとらわれない、民間らしい活動が東北にはあります。

2　地域での連携・地域を越えて連携を推進し社会課題に向き合う

今回の災害を機に、復興だけではなく、復興の先にある姿を目指して活動をしているNPOが増えています。ここで紹介する3つの事例は、震災以前から地域に存在している高齢化・少子化による地域の支え手不足、地場産業（主に第一次産業）の衰退などといった現象に、一つの解を示すものともなっています。

(1) 複数団体が連携した被災者コミュニティ支援―被災者とNPOをつないで支える合同プロジェクト（つなプロ）

●―これ以上、災害関連死を出さない

「被災者とNPOをつないで支える合同プロジェクト」（通称「つなプロ」）は、多様なニーズと配慮が必要な被災者への支援に向け、それまでも東北地方を中心にNPOのネットワークの中心的存在であった、NPO法人せんだい・みやぎNPOセンターと、全国のNPOが連携して立ち上がりました。他には、一般財団法人ダイバーシティ研究所、IIHOE（人と組織と地球のための国際研究所）、スペシャルサポートネット関西、NPO法人ETIC.、日本財団の6団体が連携したプロジェクトです。

今回の災害規模は、避難生活が長期化することは明らかでした。特に、本来長期にわたって生活することを想定していない避難所での生活は、被災者の体調に変化をきたすことがあり、最悪の場合は死に至ります（災害関連死[注3]）。「避難することでせっかく助かった命にもかかわらず、避難した先で命を落とすようなことは絶対に防がなければならない」との思いで、これ以上死者を出さない、状況悪化者を出さないことを第一義的な使命として、立ち上がったのが「つなプロ」です。

●被災者の避難生活の状況を定量的にとらえた画期的な活動

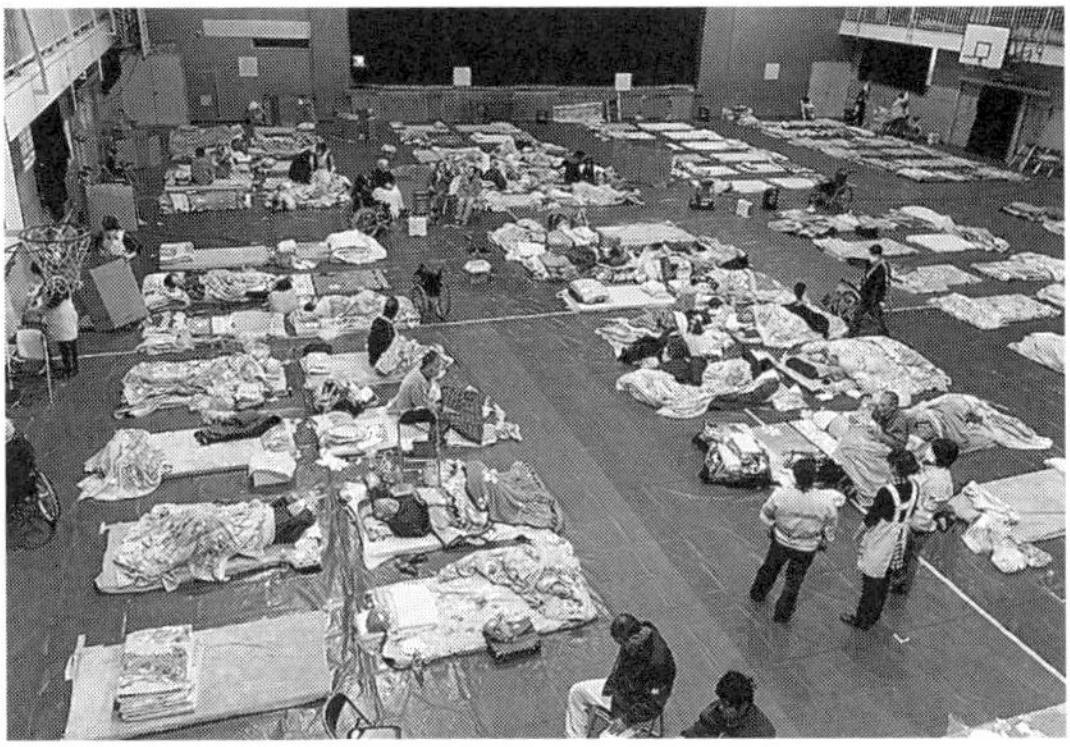

「つなプロ」訪問時、介護を必要とする42人が避難していた稲井中学校の体育館
（写真提供：日本財団）

慣れない避難生活では、特に介護や医療を必要とする人や、障害者・外国人・難病患者など「多様で特別な配慮・支援が必要な被災者」から先に状況が悪くなっていくことは、プロジェクトメンバーが過去の大きな災害で何度も見てきた光景でした。

しかし、そういった配慮が必要な被災者のニーズは、大量に効率的に行われている支援の前には、気づかれることがなかなかないことも事実です。

そのため、まずは被災地に調査スタッフ（延べ378名）を派遣し、2011年3月17日から5月1日までの約5週間で、宮城県内の全避難所（当時443か所）を十数チームで巡回して避難所の生活環境や困りごとなどの、聞き取り調査（アセスメント）を行いました。調査項目は、「高齢者向けの特別食や糖尿病、乳児の粉ミルク、トイレの段差や水道などのインフラ、間仕切り、更衣室など多岐に（注4）」わたっており、最終的に120にもなっています。

並行して、調査結果を分析して、ウェヴサイトで公開することで、多くの支援組織が次の状況を予測することに役立ててもらえるようにしました。調査の過程で出てきた個別ニーズは、全部で490件ありましたが、それらをさらに細分化して、地域で専門性を持つNPOや行政などに個別につなぐための活動を実施しました（図表3―1）。広範な被災地全体を、避難所という点を網羅して定量的に概観する、世界でも初めての支援の必要性把握がなされたのでした。

また、宮城県全域の避難所の情報をタイムリーに集計、共有する体制を支えるには、ICT（情報通信技術）が欠かせませんでしたが、それらはソフトバンクモバイルや富士通、ソニーマーケティングやブラザーといった企業の協力を得ています。災害発生初期の段階からこうした企業の協力を得られることができたのは、参加構成団体それぞれが日頃から事業パートナーとして連携していたからだと思います。

図表3―1　つなプロ活動レポート～ニーズ総量と対応数の一覧表

ステータス	対象内	対象外	総計
マッチング先　対応完了	45	20	65
マッチング先　引受け中	49	1	50
マッチング先　探索・調整中	55	3	58
要詳細確認	24	136	160
対応停止	59	98	157
総　計	232	258	490

＊ヒアリングしたニーズのうち、つなプロとして取り組むべきだと考える特別なニーズを対象内として抽出、優先的にマッチングに取り組んだ。

（出典）つなプロウェブサイトより筆者作成

●――地域の住民が主体的に活動するために

その後、避難所の統合や仮設住宅への入居も進むにつれて、被災者の状況も変化してきました。この状況変化を受けて、２０１１年５月20日以降は第２フェーズとして、それまでの訪問巡回型から、宮城県内の10か所程度の避難所を拠点とした地域拠点型として、活動を継続しました。拠点としている避難所の運営を支援しながら、避難所だけではなく、その周辺地域、特に在宅で避難生活をしている被災者のニーズも把握することで、地域全体の状況を可視化していったのです。

また、その中で地域の人々との関係性もつくっていきました。この関係性づくりは、こうした支援を外部の者がいつまでも行うのではなくて、いずれ地元の人々で団体などを立ち上げられるようにすることを想定して動いていたものです。２０１１年７月以降は、地域全体のニーズを調査によって把握し、必要な支援ができる機関などへつないでいきました。このことで被災者を孤立させずに地域全体で支える、という機能を「地元化」させることに各地の拠点は注力していました。

私は、つなプロの幹事団体の当事者として自己評価をすれば、第２フェーズでの目標が、すべての地域で果たせたとは考えていません。緊急期とは違うフェーズで、地元の人々の自立心を引き出しながらの試みは非常に難しいものがありました。しかし、例えば「つなプロ気仙沼」では、宮城県気仙沼市大島という島部の全世帯（９７２世帯）に対して、聞き取り調査を行い、その結果を地元の社会福祉協議会や医療機関へつなぐことができています。さらには、こうした一連の活動を地元気仙沼大島の自治会とも共有し、ときには一緒に行動をしていくことを通じて、地域が「自分ごと」として取り組み始めました。

もともとの強みを生かす

この、つなプロの活動には、それまでのNPOの特性に照らしてみると、多くの示唆に富んでいます。それは、大別すると2点あります。一つは、NPOの弱点として先に紹介した「ボランタリーの失敗」のすべての点を乗り越えようとしていることです。そして、もう一つは、大震災以前からの地域の課題「地域住民の自立的なコミュニティ形成」にも挑戦している点です。

つなプロは、「避難生活でこれ以上の状態悪化者を出さない」ことを緊急フェーズに第一の目的として、主に6つのNPOが集結したプロジェクトでした。そして、プロジェクト実行にあたっては、各々が専門性や得意分野を活かした役割を担っていました。しかも、それは迅速にできています。

全体の調整役は、地元であるせんだい・みやぎNPOセンターが担い、企画や活動計画づくりの核となる部分をダイバーシティ研究所とIIHOE（人と組織と地球のための国際研究所）が担いました。スペシャルサポートネット関西の加盟団体やETIC.は、現場の運営と大量に必要となる調査のスタッフをNPOへのインターン経験者から集めています。そして、日本財団が資金面を全面的に支えました。これらの団体は、慣れない領域で役割分担をしたのではなく、普段から本業として取り組んでいた能力を発揮しました。そして、お互いがお互いの強みを普段から認識していました。まさに、共通価値を目指して、各々が強みを活かして連携したのでした。

このことは結果として、NPOの不十分性、偏重性・特殊性、温情主義、アマチュア主義すべての点において、その克服につながったと言えます。資源の不十分性は十分に克服できています。偏重性・特殊性の点は、今回は震災での緊急・復興支援という社会全体の共通価値でしたので、偏りようがありません。また、温情主義にならないように、時間が経つにつれて住民の自立を意識した活動へ変化させていっています。この点は、二つ目の示唆の点でさらに後述します。そして、アマチュア主義の克服です。今回は、幹事を務めた6つの団体には、このプロジェクトを実施する上で、それぞれ専門的なスキルや経験のある人材が揃っていました。

二つ目の示唆は、大震災以前から地域の課題であった「地域住民の自立的なコミュニティ形成」への取り組みです。このプロジェクトでは、震災後3か月が経った頃から、この点を意識した活動内容に変化させていきました。震災から5年が経った今でこそ、こうした視点は当たり前になっていますが、この時期にそこまで意識した活動はあまりなかったと思います。それができたのは、被災地の高齢化や少子化による地域の支え手不足といった現象を実感だけではなくデータの上からも確認しており、過去の災害に照らし合わせて、今後の対応の仮説をもっていたからです。その仮説とは、今後は地元の方々だけで地域を支えることは難しいため、つなプロのような外部からの支援を活用しながら、地域でのセーフティネットの構築を地元主体で行っていこうとするものでした。

地域の課題をデータでとらえた上で、アプローチする手法は、特に災害時における従来のNPOにはなかった考えでした。

⑵　東北内外の食関連事業者のネットワーク化――一般社団法人東の食の会

●――いかに売れるものにしていくか

「短期的なチャリティーやボランティアではなく、中長期的に被災した生産者が自立できることを目指しており、そのためには生産者にとっても販売者にとってもきちんと〝ビジネス〟として成立させることが重要だ」(注5)。一般社団法人東の食の会で事務局代表を務める高橋大就氏は語ります。

東の食の会は、東日本の食の復興と創造の長期的な促進、日本の食文化の世界に誇れるブランドとしての確立を目指して、食にかかわる産業界やNPOのリーダーらが発起人となって、2011年6月に立ち上がりました。団体の発足当初から「いかに売れるものにしていくか」に徹底してこだわり、東北の生産者のマーケティングブランディング、支援や食関連企業とのマッチング、人材育成など、多くの価値を生産者と販売者に提供し続けています。

食品メーカー、流通企業、食関連のインターネット企業等、35社の会員企業を有し、2015年

3月末時点で生産者と食関連企業とのマッチングが1800件、約50億円の流通総額の経済効果を創出しています。例えば、2011年9月に行った初めてのマッチング支援では、宮城県名産の枝豆を気仙沼の海水で茹でた「復興枝豆」を開発し、オイシックス株式会社のインターネット販売でも、準備した量が1日で完売しました。

被災した生産者の事業再開の目途がまだ立っていない時期に始まったこうした取り組みは、生産者にとって、大きな希望の光となりました。

●――陸《おか》にあがる漁師を生んだ、三陸フィッシャーマンズ・キャンプ

東の食の会では単なるマッチングに止まらず、生産者の早期の自立につなげていく支援体制も整えています。それが、2013年8月から開始した人材育成事業「三陸フィッシャーマンズ・キャンプ」です。東北の漁業・水産加工業の従事者にマーケティングのほか、事業計画のつくり方や商談の進め方といったビジネススキルを身につけてもらう研修を、全3回の合宿形式で実施しています。この研修は、「売るための技術」を身につけることを目的としていますが、それと同じくらい重要なことに、研修を通じた「仲間づくりとネットワーク」があります。

漁業・水産業の世界は、震災以前から、魚の消費市場の縮小と担い手の高齢化が進んでいたにもかかわらず、お互いを競合相手と見なして、残されたマーケットを奪い合うところがありました。

そこに震災が追い打ちをかけました。事業環境の悪化が進んだことにより、事業者の意識に変化が起きました。研修を通じて、参加者の間では、水産業全体のマーケットを大きくするために、お互いに協力し合う意識が強くなってきたのです。また、この三陸フィッシャーマンズ・キャンプには、これからの東北を背負っていく若い世代が多く参加しており、2014年5月には、「キャンプ」で出会った20代と30代のメンバー13名が中心となり、一般社団法人フィッシャーマン・ジャパンが立ち上がりました。

フィッシャーマン・ジャパンのメンバーである漁業者は、「陸《おか》に出る漁師」になることを決意して、市場ニーズをくみ取りながら、自ら商品を企画し、直接、消費者に販売することを目指しています。宮城県松島湾で収穫したアカモクを加工・販売している赤間俊介氏は「それぞれが自慢の海産物を持ち寄れば多様な商品がそろい、販売戦略が広がる」と展望を描いています。(注6)

●――ヒットの兆し、高級サバ缶

東の食の会では、地場産品を使った付加価値の高い商品開発を行い、販路と市場の拡大にも取り組んでいます。2013年9月、味噌煮など和食で使われることが多かったサバの缶詰市場に、洋食のオリーブオイル漬けという新しい商品を提案しました。お洒落なパッケージデザインもさることながら、味や使い勝手の良さが評判を呼び、当初の予想を上回る売れ行きとなっています。それ

サヴァ缶
（写真提供：東の食の会）

まで低価格帯だった缶詰市場に対して、高級感があって新しいイメージをもつ「Ｃａｖａ（サヴァ）？」は、小売価格３６０円（税抜）で勝負をしました。一般的なサバ缶に比べて３倍程度の高価格ですが、発売２年半で約１００万缶を売り上げるヒット商品となっています。パッケージや味付けだけではなく、サラダやパスタなど調理方法のレシピも併せて提案して、さらなる付加価値向上に余念がありません。

　東の食の会は、企業や団体が強みを持ち寄り連携しながら、生産者を主役とした持続可能なビジネスを構築しています。こうした取り組みは、東北の一次産業の復興のみならず、日本の食や一次産業の課題を解決する一つの方向性を示しています。

●「パートナー」がもたらす新しい価値──競合から協力へ

　東の食の会の活動には、食の生産のプロに対して、食の流通・販売のプロが営利目的を超えたところで、地域を越えて連携・参画をしています。そしてそれは、「支援」というチャリティ的側面ではなく、被災地において最初から持続可能なビジネスをどうやって築いていくのか、を志向している点で、他の復興支援活動とは全く違います。失った市場をどう取り戻すのか、その際に従来と同じ生産物、商品だけではもはや取り戻せないので、いかに新しい付加価値をつくり出せるのか、といった課題に対して、生産する側とそれを流通・販売する側が向き合い、パートナーという関係を構築しています。

このパートナーという概念は、地域内での事業者間の関係にも影響をもたらしています。「これまでの競合から協力へ」を合言葉に地域内では、商売敵だった事業者同士が生き残り、成長のために同業者との連携、また東北という地域での連携を始めたことに、この取り組みの大きな意味があります。

今後は、自立的な事業運営を見据えた人材育成や、東の食の会がもたらした課題解決の方向性に、生産者個人だけではなく、地元の自治体や企業が主体的に取り組む仕組みづくりが課題です。また、その課題解決には、水産事業者の交流促進だけでなく、成功事例や知見の共有を通じて、東北全体の水産業の強化を目指すことが重要となってくることでしょう。

⑶　生産者・消費者をつなぐ──NPO法人東北開墾

●──「食」と向き合う機会を提供

NPO法人東北開墾は、2013年7月に設立されました。毎月1回、独自の哲学で美味しい食べ物をつくり続ける東北各地の生産者（スペシャリスト）たちを詳しく紹介する「東北食べる通信」を刊行するとともに、彼らが収穫した自信の一品とセットで定期購読会員へ配送しています。毎月異なる生産者を取り上げる定期購読サービスを通じ、生産者を知り、その食べ物を食べることで、消費者に食に関する関心を高めてもらうことを一つの目的にしています。また、消費だけではなくより親しい関係を生産者とつくれるように、ＦａｃｅｂｏｏｋなどのＳＮＳやイベントを通じて、実際に生産者と消費者が交流し、「食」と向き合う一連の機会を提供しています。

自信の一品とともに届く「東北食べる通信」
（写真提供：東北開墾）

「東北食べる通信」は創刊以来、定期購読者数は順調に増え続け、毎号２５８０円（送料・税込）を支払う読者は、２０１５年５月時点で全国に１５００人となりました。読者数の上限を１５００人としているため、１５００人に達するとキャンセル待ちになってしまいます。２０１５年に黒字化していますが、会員１５００人は、一般的なカタログ通信販売であればビジネスには到底なりづらい小さな数字です。また人気があるのであれば、もっと定期購読者を増やせばよいと考えがちです。しかし、それをしないのは、「東北食べる通信」ならではのこだわりがあるからなのです。

●――合言葉は、「世なおしは、食なおし」

そのこだわりとは、生産者と消費者の地図にはない新しいコミュニティづくりです。分断された生産者（農山漁村）と消費者（都市）を情報でつなげつつ、実際の交流まで行うコミュニティの維持には、この会員数（1500人）が上限ということです。

大量生産したモノを消費する現代では、食べ物もモノとして右から左へ流れていきます。消費者は値札を見て食べ物の価値を計り、より安いものを求めます。大量に安く生産することを求められた一次産業は買い叩かれてきました。このため、生産者は、経済合理性を追求する過程で手間ひまを省いてきました。こうした背景を知らない消費者は、安い価格の食べ物を口にします。これでは、「食」が単に人間の生命維持のためだけの行為になってしまいます。このような人間的とは言い難いサイクルを変えていくことで、「東北食べる通信」は社会のあり様を変えていこうとしているのです。それは食べ物を通じて、生産者と消費者の気持ちが通じ合うことです。目的を「非効率的なことも認め、互いの強みと弱みを補完し合い、支え合い、高め合うことで幸福感や充実感を得られる新しいコミュニティをつくり出すこと」だと、編集長の高橋博之氏は語ります。

●——「都市と地方をかき混ぜる」動きは全国へ広がる

東日本大震災後の被災地では、高齢化や過疎化など、日本が震災以前から抱えていた地方の構造的な課題が明らかになる一方で、「きずな」という言葉に代表されるような都市が失ってしまった助け合いの精神も再評価されました。都市部から東北へ来たボランティアは、支援活動を通じて東北の人たちと知り合い、自らも「生きる」ことへの意味も感じました。そして、東北が心のよりどころとなり、「第二のふるさと」になっていきました。そしてこのことは、都市部の人間だけに変化が起きたのではなく、地方の生産者にも自らの仕事に対する自信や誇りを取り戻し、その地域に活気をもたらすことにもなるのです。まさに「都市と地方をかき混ぜる」ことで、東北開墾は、双方に行き詰まった日本に、心躍るコミュニティを開墾しています。

食を通じた「都市と地方をかき混ぜる」動きは、２０１４年度グッドデザイン賞の「金賞」にも輝き、今では同様の活動が全国に広がっています。そのため、東北開墾は、２０１４年4月に「一般社団法人日本食べる通信リーグ」を創立しました。「リーグ制」により、東北開墾も傘下に入り、他地域と並列の関係で全国の「食べる通信」の拡大に取り組んでいます。現在は、「東北食べる通信」（東北開墾）をはじめ、「四国食べる通信」（株式会社四国食べる通信）、「東松島食べる通信」（有限会社グループローラ）、「北海道食べる通信」（株式会社グリーンストーリープラス）など全国26地域に広がっています（２０１５年12月現在）。運営主体は、ＮＰＯ法人だけではなく、株式会社や協同組合、行政など多彩な顔ぶれになっています。今後3年間で、「食べる通信」のネットワークを現在の26地域から、100地域まで増やす計画とのことです。

都市に暮らす人と、地方に暮らす人が共通の価値観で結び合い、混じり合い、地図にはない新しいコミュニティづくりへの挑戦は、まだ始まったばかりです。

(4) 地域連携の推進には地域内外の戦略的なつながりが必要

本節の冒頭に触れたように、つなプロ、東の食の会、東北開墾の3つの事例からわかることは、チャリティ型の活動ではなく、被災地域の住民の自主性と主体性を前提にしていること、また大震災以前から地域にあった課題を見据えて活動の目的を設定していることが共通している点です。さらには、こうした活動を推進しているNPOは、従来のように単独かつボランティアの資源だけに頼るのではなく、ネットワークによる事業型で取り組みを推進し、成果の最大化を目指している点も共通した特徴です。

ある明確な目的のために組成されたNPOは、その共通価値を戦略的に地域内や他地域の人たちと共有し、他者とのつながりを深めることに成功しています。そして、オープンで他者と深いつながりでつながったNPOには、少しくらいの逆風ではびくともしない足腰の強さが備わっているともいえるでしょう。

3　行政との連携で課題解決を追求

NPOが社会の課題解決に取り組む場合、行政との連携は不可欠な時代となっています。なぜなら、人口減少が進み財政が縮小していく低成長社会の中では、富の分配をすればその課題が解決できるほど問題は単純ではなくなってきているからです。その一方で、相対的には低くなっているとはいえ、いまだ行政には多くの資源（情報や予算など）があります。特に法律や制度づくりは、民間では行えません。民間と行政の強みと弱みを補完し合いながら、協働して地域づくりを進めていく必要があります。

本節で取り上げる事例は、現場の活動を支えるために、その仕組みづくりやネットワーキングを行政と協働して行っている「中間支援組織[注7]」と、教育や産業再生など、現場で必要とされている具体的なテーマに行政と共に取り組んでいる認定NPO法人カタリバと、NPO法人アスヘノキボウの3つです。

(1)「間にいることの価値」——連携復興センターによる地域横断的な被災者への支援

●地域の担い手を支援

岩手県の中間支援組織、NPO法人いわて連携復興センター（以下、いわてれんぷく）は、

いわて連携復興センターでの研修会
（写真提供：いわて連携復興センター）

２０１１年4月、沿岸部の復興に向け、支援を必要とする人・組織と全国からの支援を結び付ける体制づくりを目的に、震災以前から活動していたＮＰＯ10団体が連携して設立されました。現在、北上市に事務所をかまえて、地域の課題共有や担い手育成などの場づくりと、地元のＮＰＯの活動資源のコーディネート、情報発信を行っています。

例えば、場づくりでは、岩手県外の支援組織と県内の支援組織、行政と連携しながら、年間42回（２０１４年度実績）もの多種多様な研修会や交流会を実施、サポートしています。地域の担い手を支援する研修会では、「寄附つき商品のつくり方」「ＮＰＯの事務局力をつける」といった具合です。こうした場を助成金等を活用し、自主事業として主催するだけではなく、行政・企業・ＮＰＯのネットワークの構築や、さまざまな連携のコーディネートとアドバイスも行っています。震災後には、岩手県内で約２００のＮＰＯが新設された状況を見ても、いわてれんぷくの果たした役割は非常に大きいものがあります。

いわてれんぷくの役割は、ＮＰＯだけへの支援には止まりません。被災した沿岸市町村への緊急雇用創出事業のサポートをNPO法人いわてNPO-NETサポート、NPO法人アットマークリアスという地域の中間支援組織と連携し、大船渡市に約80名、大槌町に約90名、釜石市に約80名の雇用を新たに創出することに成功しています。こうした行政との実績を基礎として、外部との連携も推進しています。米国の製薬・医療機器メーカーであるジョンソン・エンド・ジョンソン株式会社の支援を受けて、日本財団と一般社団法人RCFとの連携による、仮設住宅でのコミュニティ形成支援のモデル化と事業評価を行っています。また、モデル化された手法は、東北での横展開として、福島県内でも試みられています。地域づくりで培ったノウハウは、岩手県域を越えて伝わっているのです。

地域が主役の支援とは

みやぎ連携復興センター（以下、みやぎれんぷく）は、災害復興における宮城県内の中間支援組織として、2011年3月25日に設立されました（2015年7月1日に一般社団法人化）。震災以前から宮城県を中心にNPOと行政・企業との協働を推進していた特定非営利活動法人せんだい・みやぎNPOセンターを核として、県内外のさまざまな団体が設立に協力しています。

彼らは被災地の状況に応じてこれまでの活動を3つのフェーズに整理して、その時期ごとに活動内容を変化させてきています。緊急期であった第1期（～2011年6月）では、政府、県、市

3県の連携復興センター定例会
（写真提供：みやぎ連携復興センター）

町村、NPO等と連携しながら支援団体間の連絡調整を行い、主に物資と人材をつなぎました。第2期の復旧期（2011年7月〜2012年5月）では、「被災された方が主役の復興」をテーマに掲げ、3つのカテゴリーで事業を実施しています。一つは、会議やサロンなど地域における連携の場の提供（つなぐ事業）、二つ目は被災地域が主導する事業を支援する「復興チャレンジ塾」の実施と活動資金の支援（はぐくむ事業）、そして三つ目が、応急仮設住宅やコミュニティ活動の実態調査（しらべる事業）の実施です。

みやぎれんぷくの活動は、2012年6月から第3期に入っています。第3期では、宮城県内の市町村やテーマを超えた連携を促す活動へと変化をさせてきています。宮城県のさまざまな担い手の連携促進や人材育成、コミュニティデータベース形成や広域連携のためのプラットフォームづくり、アドボカシー（政策提言）などの情報発信を実施して、復興のサポートをしています。こうした活動にも行政との連携がなされています。例えば、人材育成の事業での連携です。宮城県は「みやぎ復興応援隊[注8]」を設置して、被災地の地域づくりを支援する人材を県内12地域に59名（2015年12月現在）を派遣しています。

みやぎれんぷくでは、これら派遣された人材や地域を定期的に訪問するなどその後の調査を行い、そこで得た情報や課題を整理して宮城県とも共有、次の活動への参考となるように研修会なども実施しています。また、復興公営住宅の建設に伴い新たに形成された住民による「まちづくり協議会」10団体への資金支援も2015年5月より開始しました。

みやぎれんぷくのスタッフは、寄り添う気持ちで被災した沿岸部を訪問し、「東北の地域づくりには何が必要なのか」と常に考えながら行動をしています。

●──離れているからつなぐことが大切になる

一般社団法人ふくしま連携復興センター（以下、ふくしまれんぷく）は、福島の多様な主体の良きパートナーとなり、それらのネットワークを俯瞰して、「抜け」「漏れ」のない支援をしていくことを使命に、2011年7月に設立されました。福島県は、東京電力福島第一原発の事故の影響があったので、岩手や宮城とはまた違った支援が求められています。それは、生まれ育った故郷に、いつ戻れるともはっきりしないなかでの、コミュニティの維持と形成という難題です。

ふくしまれんぷくは、「協働推進」「情報収集・発信」「提言」の3つの機能を軸に活動をしています。それぞれ代表的な活動を見ていきます。

まず、「協働推進」では、2014年3月から福島県の「ふくしま復興応援隊」の制度設計とその

ふくしま復興応援隊の活動
（写真提供：ふくしま連携復興センター）

サポートを行っています。これは、先述のみやぎれんぷくの活動事例でも紹介した、復興支援員制度の福島県での活用事例です。県内外11地域・団体に143名の支援員が着任（2015年10月現在）していますが、ふくしまれんぷくでは、彼らの採用支援からはじまり、着任後の研修会など手厚い支援を県と協働で実施しています。

「情報収集・発信」では、同じく2014年5月から開始した、主に福島県外避難者を対象とした相談窓口「ふくしまの今とつながる相談室ｔｏｉｒｏ（トイロ）」があります。この事業は、電話や対面で相談を受けて、相談者への情報提供や適切な窓口を案内する「相談窓口業務」と、福島の現状を伝える人材を県外へ派遣する「ふくしまの今を伝える人材の派遣」を行っています。相談窓口へは、2015年5月までに182件の相談があり、県外の支援団体や自治体からの問い合わせも積極的に受け付けて、さまざまな角度から広域避難者支援の充実につながるようにしています。

そして、「提言」活動の一つとして、福島の2020年を見据えた復興ビジョンについての談話が発表されました。このビジョンは、それまでの取り組みを通じて形成された、NPO、行政、企業とのネットワークを活用し、多様な意見を反映しながらつくられたものです。

●――中間にあるゆえの悩み

以上3つの連携復興センターは、県域レベルの「中間支援組織」として、それぞれの県内においての連携と、県外との連携を促進しています。彼らは、現場の担い手からも、行政からも、「中間として」支え、コーディネートする役割を期待されている唯一無二の存在なのです。一方で、特に、中間にあるために価値はすぐにはわかりづらいため、復興支援を目的とした助成金や寄附金が減少傾向にあるなかで、支援もそれほどすぐには集まりません。

NPOをはじめとする復興支援団体の活動を財政的・人的にいかに支えていくのかが今後の課題です。

(2) 誰よりも強く、そして優しい未来のリーダーを育てる――認定NPO法人カタリバによる教育支援

●――ナナメの関係「カタリ場」づくり

「私も大変だけど、私よりも幼い子どもたちはもっと大変」「保母さんになるという夢をかなえた

い。親を失ったから短大に行けるかわからない。でも、復興のために自分にできることをしたい」。

2011年4月、宮城県石巻市で、認定NPO法人カタリバの代表理事をつとめる今村久美氏が、ある女子高校生から聞いた言葉です。今村代表は彼女との出会いをきっかけに、東北での活動を始めました。

カタリバは、高校生や中学生のキャリア教育を行うNPOとして、2001年11月に設立されています（2006年にNPO法人化）。中高生と年齢の近い大学生が指導役となって子どもたちと夢や悩みを語り合う「カタリ場」という手法は、従来の大人の指導による職業体験などのキャリア教育とは違い、その場で打ち解け、意欲も出やすく「自分のことを本気で考えることができる」として全国で注目されています。この「ナナメの関係」に着目して14年前にはじめた活動は、開始以来、多数の企業、団体から寄附金や助成金、ボランティアの支援を得て、全国で約1300の学校、約23万人の中高生に「カタリ場」を提供してきました。最近では、学校からの委託事業として実施することも増えてきています。

先述の女子高校生との出会いをきっかけに、今村代表はその後3か月の間に10回以上も東北へ足を運び、その中で被災地の子どもたちの教育環境が十分でないことを知ります。避難所や応急仮設住宅の狭いスペースで、周りや家族に気を使いながら勉強している子どもたちをみて、「一刻も早く震災によって失われた学習環境を整えよう（注9）」と決めました。そして宮城県女川町で、当時避難所となっていた町立女川第一小学校の空き教室を借りて、学習支援と子どもたちの心の居場所となる「女川向学館」を2011年7月にスタートさせたのです。

女川町は、住居倒壊率が82・6パーセントと被災地で最も高く、女川第二小学校の約9割、女川第一小学校の約4割の児童が津波で自宅を失いました。このように甚大な被害があった女川町で、町立小学校の空き教室を最初からNPOが借りることができたのは、地元の教育委員会との連携があったからです。

仮設住宅前の駐車場で勉強する子どもたち
(写真提供：カタリバ)

2011年5月、「女川の学習塾で教えていた講師と一緒に、子どもたちの学びの場をつくりたい」と、カタリバは女川町教育委員会へ申し出ています。ちょうどそのとき、「避難生活が長引くなかで、児童・生徒の教育環境をどのように整備したらいいのか」と遠藤定治教育長（当時）も大きな問題意識を持っていたことから、両者の思いは合致しました。「子どもたちの夢や希望に陰りが見えている今、将来をどのような方向へ導いてあげられるのか。単に教科だけを教えるのではなく、公教育に限りなく近い進路指導やキャリア教育、いわば夢や希望を与えられる教育」を目指して、女川町とカタリバはコラボ・スクールを始めることになりました。[注10] こうして、女川町がそれまで学校の教職員で対応していた家庭学習補完の支援を、カタリバに依頼することが決まりました。

目指すべき方向性が行政とも共有ができ、連携が始まりましたが、実際のコラボ・スクールの運営は、カタリバが主体で行わなければなりません。特に難題の一つは、「先生」の確保でした。コラボ・スクールは、学校とは連携をしていますが、公教育ではないため先生は自前で確保しなければなりません。学習塾の講師を想定していましたが、なかなか適任者が見つからなかったのです。それは、人がいないということよりも、震災以前からの学校と塾との関係の薄さに起因しているようでした。同じ教育に携わっているものの、学習塾は受験やテスト対策に重点を置いているため、学校教育と交わる機会が少なかったのです。

●――商売敵からパートナーへ

こうした事情にも負けずに、カタリバは一緒にコラボ・スクールを運営してくれる先生を女川で探し出しました。2006年から女川町で学習塾を経営していたその方は、震災後はご自身でも無料で教室を開放しており、カタリバの申し出に協力することを決めたのです。元塾経営者にとってこうして参画したコラボ・スクールは、経験したことがない新鮮な驚きに満ちた場でした。「コラボ・スクール」は、今まで商売敵だった学習塾の経営者と学校の先生が協力することで、また何より学校の先生と連携してつくり上げる場だったからです。(注11)

コラボ・スクールで大切にしているのは、さまざまな立場の方々との「コラボレーション」です。町役場や教育委員会とも協働し、小・中学校とも連携したカリキュラムを設計しています。保護者も受験生の食事づくりや合格祈願のお守りをつくるなど、地域全体でも支えています。

向学館は、単に勉強を教える場ではなく、子どもたちの心の居場所をつくったことで、仲間と励まし合いながら勉強する喜び、生きる喜びを子どもたちに与えているのです。

大槌町でも開校

女川向学館の運営が少しずつ軌道に乗り始めた2011年の秋には、岩手県大槌町の町民や保護者の方からも、同じような学びの場を町につくってほしいとの依頼がありました。カタリバは、早速設立のための準備を始め、同年12月に東北で二つ目となる学びの場「コラボ・スクール大槌臨学舎」が開校しました。

現在では各校に、およそ150〜200名の児童・生徒が通います。2014年度には、コラボ・スクールに通う中学3年生324名のうち、99・1パーセントが第1志望校に合格を果たしています。これは、単に進学の実績を表す数字ではありません。繰り返しになりますが、コラボ・スクールでは「ナナメの関係」から、子どもたちはさまざまな大人から刺激を受け、自分たちの進路を真剣に考えます。その結果が、第1志望校合格につながっているのです。

●――コラボ・スクールの今後の課題

当初の計画では、3年間で地域の主体へ運営を移管する予定だったコラボ・スクールは、2015年現在、あと3年は続けていく方針を掲げています。それは、地域からの強い要望と、復興道半ばで中途半端には投げ出せないカタリバの覚悟によるものです。

しかし、運営には、1校あたり年間約6500万円がかかります。これまでは、「ハタチ基金」(注12)からの拠出金や個人・企業からの寄附金、行政の予算、授業料の一部を利用者負担（月謝）で賄ってきましたが、スクールバスの経費など負担は大きく、運営は決して楽ではありません。将来、運営主体がどこになろうとも、東北の子どもたちに「震災があったから、夢をあきらめた」という思いを抱かせないために、この活動は継続されていかなくてはなりません。そのためには、東北以外の地域の人々に被災地の現状を正しく知ってもらうための情報発信やボランティアや職員として長期的にかかわってもらうための仕組みづくりが必要となってくるでしょう。

(3) 地域を巻き込み、創業・起業の町へ――NPO法人アスヘノキボウ

●――「よそ者」が地域の「黒子役」に

震災から4年の月日が過ぎた2015年3月28日、晴れ渡った青空のもと、宮城県女川町で女川フューチャーセンター「Camass（カマス）(注13)」でテープカットが行われました。

「Camass」は、地域の内外を問わず、女川の未来を考え、行動する多様な人材が集まり、交流をする場となることを目指してつくられた施設です。3台のトレーラーハウスと鉄骨フレームづくりのユニットハウスを約150㎡のウッドデッキがつなぐつくりで、建築面積は223㎡、総事業費約6000万円のうち、5643万円は日本財団の「NewDay基金」(注14)からの支援です。また、女川町は3台のトレーラーハウスと土地を無償で提供しています。

女川フューチャーセンター「Camass（カマス）」
（写真提供：アスヘノキボウ）

この女川フューチャーセンターは、NPO法人アスヘノキボウが運営しています。そして、代表理事の小松洋介氏は、女川町出身ではないからこその客観的な視点で、行政と企業、支援団体を地域内外でつなげ、女川町の活性化に貢献をしています。

アスヘノキボウは、女川町を中心に、「創業・起業を通じた産業活性化」「ひとづくり・組織づくり」を行うことで、地域の変革に寄与することを目的に、2013年4月に設立されました。小松氏は女川町の出身ではなく、大学卒業後、株式会社リクルートホールディングスで情報誌の広告営業をしていました。そして、2011年3月の震災の発生以降、仕事の傍ら沿岸部の被災地をボランティアで回りながら、各地の行政や企業などに飛び込み、「これから必要な支援は何か」のヒアリングを続けていました。同年9月に小松氏は会社を退職し、それと同時期に女川町と出会います。その後、同年12月には、女川町の商工会をはじめとする全産業界が集まった民間団体「女川町復興連絡協議会」の戦略室の所属となり、地域の「黒子役」としての活躍が始まるのです。

ここまでのアスヘノキボウの道のりを見ていきましょう。

●――トレーラーハウス宿泊村「El　faro（エルファロ）」の完成

スペイン語で「灯台」と名付けられたトレーラーハウスの宿泊村の企画立案、実現の支援をしたのが小松氏です。トレーラーハウス24台、全48室の客室からなるホテルは、女川町に年末年始の帰省客が来る前になんとか宿泊施設をつくりたいとの思いから、2012年12月27日にオープンにこぎつけました。

震災で事業の再開を迷っていた旅館経営者4名に対して、背中を押したのがトレーラーハウス宿泊村のプランでした。プランを実現するためには、まずは土地と資金が必要です。経営者たちは、女川町宿泊村協同組合を設立し、土地については、女川町が管理している土地を無償で借り受けることができるように交渉しました。資金については、従来は対象外だった経済産業省の補助金を直談判して獲得しています。これら一連の交渉では、小松氏が黒子となり協同組合とともに行動していました。「小松さんは、震災前まで家族経営の小さな旅館をしていた私たちに再建の希望を持ってきてくれました。強引なところは一切なく、まず私たちがどうしたいのかということを尊重し、その上でどのようにすればよいかを考えてくれた(注15)」は、組合理事長の佐々木里子氏の言葉です。現在では、第2期工事も終わり、フロント棟やレストラン棟、会議室棟も合わせて32台全63室に増築され、従業員も約20名にのぼります。

トレーラーハウス宿泊村「El faro（エルファロ）」
（写真提供：アスヘノキボウ）

●―伴走型の支援で

宿泊村の企画・立ち上げ以外にも、ほぼ同時期に町の人たちの起業支援を行っています。スペインタイルの制作・工房の「みなとまちセラカミ工房」や、女川町の郷土料理やお洒落なカフェが楽しめる「カフェごはん セボラ」、女川町の陸地の8割以上を占める豊かな山々の保全・管理と森林ガイドをする「女川ネイチャーガイド協会」などの創業を支援しています。

女川という町の資源を、いわゆる「ヨソモノ」の視点で再発見して、町の人に寄り添い、町の産業となるまで小松さんは伴走し続けています。

●――経済同友会と連携して、町の事業者や役場職員の研修を実施

アスヘノキボウは、女川町の将来を担う人材育成にも力を入れています。

２０１４年2月から3月にかけて、合計25名の女川町の人材が、首都圏の大手企業を研修で訪れました。参加者のほとんどは、20～30代の町にある企業の将来のリーダーで、町役場の職員も参加しています。人材の研修の受け入れに協力した企業は、アサヒグループホールディングス、ANAホールディングス、日本政策投資銀行、日本航空、丸紅、三菱地所、ヤマトホールディングスなど11社に及びました。参加者は、人材育成や人事制度、マーケティングや商品開発など、自社で必要な経営テーマに沿って、受け入れ先の企業で研修を受けました。名付けて「人材留学プログラム」とした研修は、復興庁の「新しい東北先導モデル事業」にも採択され、国も注目した取り組みです。研修テーマを人事制度やマーケティングにしたのは、事前の調査で明らかになった、女川町の企業が弱みとしていたテーマだからです。参加者からの反応は上々で、その後は地域で各社が自主的に集まって勉強会を開くなど、地域が主体となった取り組みが生まれています。

創業・起業支援で町を活性化

アスヘノキボウが、地域や行政と連携することで地域は活性化しつつあります。しかし、女川町の人口が震災前の約1万人から、約7000人まで減少しているなかでのまちづくりは大変厳しい状況であるのも事実です。町では、女川が「住民が住み残り、住み戻り、住み来る」地域になることを目指しています。2015年12月には、再生した駅舎周辺に商業施設を集約し、新規創業者を含む約40店舗の営業を開始しています。その創業・起業支援を行うために、女川町は2015年2月、産業競争力強化法に基づき、経済産業省から「創業支援事業計画」の認定を受けました。認定連携創業支援事業者は、女川町商工会とアスヘノキボウです。

起業希望者には、冒頭に紹介した「Camass」の相談窓口で相談にのり、協働の場である「コワーキングスペース」を提供します。起業希望者は、「ヨソモノ」をターゲットにして、町の魅力を再発見、再定義してくれる人材であることを期待しています。ソーシャルビジネスなどの起業希望者向けの融資は、日本政策金融公庫石巻支店と連携し、相談から資金調達までワンストップで実行できる体制を整えました。

女川町と女川町商工会、アスヘノキボウは口をそろえて「女川で創業しなくても、女川で学んだことを他の地域で活かしてもらえたらいい」と言います。それは、女川ファンをいかにつくり、つながりを続けるか、ということです。小さくてもキラリと光る町が、東北に生まれています。

(4) 行政連携の推進にはセクターを越えたパートナーシップが必要

カタリバやアスヘノキボウなど、行政連携を体現しているNPOに共通していることは、行政・企業・NPOのセクター間の垣根を越えて、さまざまな主体と連携して取り組みを推進している点です。アスヘノキボウは自らを「トライセクターリーダー」と標榜しており、最初からセクター間の連携を意識しています。トライセクターとは、行政・企業・非営利の3つの異なるセクター(分野)にまたがることを言います。トライセクターリーダーとなるためには、行政の政策や取り組みへの理解を深め、連携して事業を推進できるだけの実行体制が構築されていなければなりません。つまり、行政はNPOの「本気度」を見ているということです。また、そうすることで、相手との信頼関係が構築されることも期待できるでしょう。

カタリバとアスヘノキボウのさらに共通する特徴点として、現場で発生している課題に対する代表者の責任感と行動が尋常ではなかったことがあげられます。体制を構築するよりも先に現地に入り、五感を通して感じながら、走りながら考えて、課題の解決を図ろうとしています。さらに、「ヨソモノ」であった二人は、自分が前に決して出ることがなく、地元の主体性を引き出しながら事業を推進する、という調整型のリーダーシップを発揮しています。

この2つの事例が共に女川町で起きていることは、決して偶然ではないと私は考えています。女川町がこのような「ヨソモノ」を受け入れざるを得ないだけの厳しい状況であった、ということとかもしれません。しかし、受け入れるだけの度量が、町や地域の方々にあった、という方が真実に近いでしょう。イノベーションは、決して一方向からでは起きません。双方向が共鳴し合って起きるものです。その意味において、女川町でインパクトのあるNPOの活躍があることは、偶然でなく必然と言えます。

4　資源調達をサポートする専門機関の登場

これまでは、NPOの地域を越えた連携、セクターを越えた連携の代表的事例を紹介してきました。本節では、NPOの活動を支えるために必要不可欠な経営資源である「資金」と「人材」を地域の枠を越えて調達し、支援に特化した活動を行っている3つの事例を紹介します。資金調達として、READYFOR株式会社と一般社団法人MAKOTOの取り組み、そして人材調達として日本財団「WORK FOR 東北」の取り組みです。

(1)　プロジェクトに寄り添って資金調達を支援―READYFOR株式会社

●――誰もがやりたいことを実行できる世の中にする

ここ数年で、日本でも利用が急速に進みつつある「クラウドファンディング」とは、群衆（crowd）から資金を調達する（funding）を組み合わせた言葉で、インターネットを通じて多くの人たちから小口資金を調達し、製品やサービスをつくったり、プロジェクトの実施を行う仕組みを意味しています。インターネットの発達に伴い、プロジェクト実施と資金のマッチングコストが大幅に下がり、その結果、多くのクラウドファンディング事業者が誕生しています。このようなクラウドファンディングサービスの国内における先駆者であり、最大の事業者が、ＲＥＡＤＹＦＯＲ株式会社です。

ＲＥＡＤＹＦＯＲは、２０１１年４月（２０１４年７月に株式会社化）のサービス開始以来、３５７０件以上のプロジェクトに対して、合計で15万人を超える支援者から、19億円を超える資金調達を実現しています（２０１６年１月現在）。ＲＥＡＤＹＦＯＲが提供するクラウドファンディングの仕組みは、「all or nothing」形式と呼ばれるもので、プロジェクトに必要な資金の目標額を、あらかじめ決めた期間内に達成した場合のみ、資金が決済され、目標額に届かない場合には、１円も資金の流通は発生しないシステムとなっています。このことは、プロジェクトの実行者の「本気度」を伝えることと、もしも目標額に届いていない中途半端な金額で支援をしてしまうと、プロジェクトの成功は到底期待できない、とする考え方によるものです。

ＲＥＡＤＹＦＯＲでは、資金が目標額に到達した場合にのみ、成功報酬として調達額の17パーセントを手数料として差し引き、その差額をプロジェクト実行者に支払っています。つまり、目標とする資金が集められず、プロジェクトが成立しなかった場合には、一切の手数料はかかりません。

READYFORのウェブサイトトップ画面

資金集めを開始するだけであれば0円なのです。プロジェクト開始のハードルを大きく下げるこのシステムは、「誰もがやりたいことを実行できる世の中にする」READYFORの使命を具現化したものの一つです。さらに、プロジェクトのカテゴリーや地域を問わず、さまざまな取り組みをREADYFORのウェブサイトに掲載して、多くの人たちに共感をしてもらいながら資金を集めています。

●共感を巻き起こすコミュニティ

「支援者からの思いに励まされ、メッセージを見たときには涙がこぼれました(注16)」。

これは、サービス開始の2011年に最も高い支援者人数と支援金額を達成したプロジェクト「陸前高田の空っぽ図書館を本でいっぱいにしようプロジェクト」の実行者である吉田晃子氏の言葉です。目標金額200万円に対して、862名の支援者から合計824万5000円の資金を調達し、多くのメディアに報道され、話題になりました。このプロジェクトは、東日本大震災で大きな被害を受けた岩手県陸前高田市にある仮設住宅団地内に、図書館をつくるために必要な蔵書を整備するものでした。「図書館は心の診療所」として、震災後の無力感や孤独感を少しでも癒し、気分転換や散歩しながら気軽に行ける場所の必要性から生まれたプロジェクトに、多くの人たちが共感し、支援を行いました。

多くの支援者から共感を得た背景には、震災復興への支援のほかにも支援者を巻き込む工夫が凝らされていた点があります。例えば支援者への見返りには、支援者に好きな本を選択してもらい、その方の名前をのせて図書館に献本するという支援者参加型の仕組みや、支援期間中は毎日欠かさず新着情報を届ける等の支援者とのコミュニケーションを大事にする姿勢がありました。

その後の多くの図書館支援や被災地支援のプロジェクトにもよい影響を与えています。例えば、同サイトを通じて、ＮＰＯ法人コモンビートは、石巻の地元住民とともに「東北ミュージカルプログラム」の開催資金として約１６３万円を調達しました。ＮＰＯ法人Youth for 3.11は、同サイトで調達した75万円の資金を活用し、年間３０００人の学生ボランティアを東北に派遣しています。

ＲＥＡＤＹＦＯＲの立ち上げは、東日本大震災の時期と重なっていますが、震災からの復興支援を目的に始めたサービスではありません。「スタート当初は、現場もわからないのにおこがましいとの思いもあって、震災関連のプロジェクトは出しませんでした」と、ＲＥＡＤＹＦＯＲ代表取締役の米良はるか氏は言います。(注17) しかし、その年の5月頃に地元の大学生から、ボランティア活動に対して必要な資金援助をなかなか得られない、との相談を受けたことで、この方針を変えました。「そこから、震災関連の取り組みもオープンにしました。人間の生死にかかわる悲しみの底から立ち上がる人のエネルギーは尋常じゃないです」「震災はすごく悲しい出来事ですが、その危機感から、自分でやってやるという気持ちになった人は多かったと思います」。

クラウドファンディングというサービスは、被災地の復興に強い気持ちをもった人々に対して、その背中を押してくれる存在になっています。これまでにREADYFORでは東北エリアで340件のプロジェクトを支援しています。これは、国内でこれまでに支援しているプロジェクト全体1665件の20パーセントにあたり、関東地域（678件、41パーセント）に次いで、2番目の多さです。(注18)

また、READYFORのウェブサイトには、他のクラウドファンディング事業者に比べ、公共性・社会貢献性の高い活動が多く掲載されています。このことは、目標金額が達成されやすいプロジェクトの特徴とも言えます。つまり、「お金が集まったときに何ができるのか」を具体的に設計できていることはもちろんのこと、それができると「世の中の、または誰のどういった問題が解決されるのか」と、人々の共感性にうったえる、思いのあるプロジェクトであることが重要だということです。この点が、東北でのプロジェクトを多く扱えていることにつながっていることは明らかでしょう。

投資型のクラウドファンディングであれば金銭的な配当を目的とした投資家が現れるかもしれませんが、READYFORのような購入型(注19)の場合だと、お金を出してくれた人たちへの配当はありません。したがって、購入型の場合には、お金を出してくれる人には、そのプロジェクトの挑戦者を応援する気持ちが大きくなります。共感性が本当に大事なのです。READYFORでは、すべてのプロジェクトにキュレーターという担当者がつき、目標金額が成立するプロジェクトのノウハウを挑戦者一人ひとりに提案しています。どうやったらプロジェクトが共感されるのか、どうやったら沢山の人に広めることができるのかをデータに基づき提示しています。またそれにより、プロジェクトが最適な形で実行することができているのです。READYFORが取扱い金額にして国内最大のサービスに成長した要因でもあるでしょう。

(2)　志ある人の交流で起業家支援—一般社団法人MAKOTO

2015年2月8日、宮城県仙台市青葉区にある東北大学川内萩ホールで、起業家応援イベント「SENDAI for Startups! 2015」が開催され、起業を志す人、すでに事業を始めている人、起業家を応援する人たちなど、総勢738名が集まりました。東京以外で開催される起業家応援イベントとしては最大規模となったこのイベントは、「日本一起業しやすいまち」を震災後のまちづくりの柱の一つに据えている仙台市が主催したもので、その事務局を務めたのが一般社団法人MAKO

TOです。

MAKOTOは、2011年7月に、代表理事を務める竹井智宏氏が、東北での起業家支援に特化して経営サポートや資金調達支援を行うために、実質的に一人で設立しました。竹井氏は、東北地方を中心にベンチャー企業への投資と支援を行うベンチャーキャピタルに勤めていましたが、より復興支援に専念したいとの思いから、会社を辞めて、MAKOTOを立ち上げたのでした。

震災以降の東北では、「何かをしなくては」といった強い使命感に駆られた若い人たちが次々に立ち上がっていました。竹井氏は、そうした起業家と言われる大勢の人たちに会い、どういうサポートが必要なのかを模索していました。そこで、前職で培った知識と経験を活かし、「起業する覚悟と大胆さ、熱意と行動力をもつ人たちを集中的にバックアップして、東北に新たなビジネスをつくっていくことを目標に定めた(注20)」のでした。

●——東北発、日本で唯一の起業家支援に特化したクラウドファンディングサイト

2012年12月、MAKOTOは支援マッチングサイト「CHALLENGE STAR（以下、チャレンジスター）」を創設します。「チャレンジスター」では、選ばれた特定のプロジェクトやNPOやベンチャー企業が資金調達をするために、「クラウドファンディング」の方式をとっています。支援を受けることができる企業、NPOは、MAKOTOが独自に選んでいますが、その基準は2つあ

ります。一つは被災地に雇用を生み出すために継続性の高い事業であること、二つ目は社会問題の解決につながる「志」があることです。こうして選ばれた40件の事業や企業、団体に対して、これまで3000万円を超える資金調達を達成していいます。例えば、先に紹介した東北開墾の「食べる通信」では、プラットホームづくりの資金として、同サイトを通じて500万円超の調達に成功しています。

「チャレンジスター」は、単に事業資金を集めるだけのクラウドファンディグサイトではありません。そこには、4つの特徴があります。

一つ目の特徴は、先述した2つの選定基準です。営利・非営利の関係なく「継続的な事業」(ビジネス)を通じて、世の中をより良くしたいと「志」を持った人を選んでいる点です。

図表3—2　チャレンジスターの仕組み

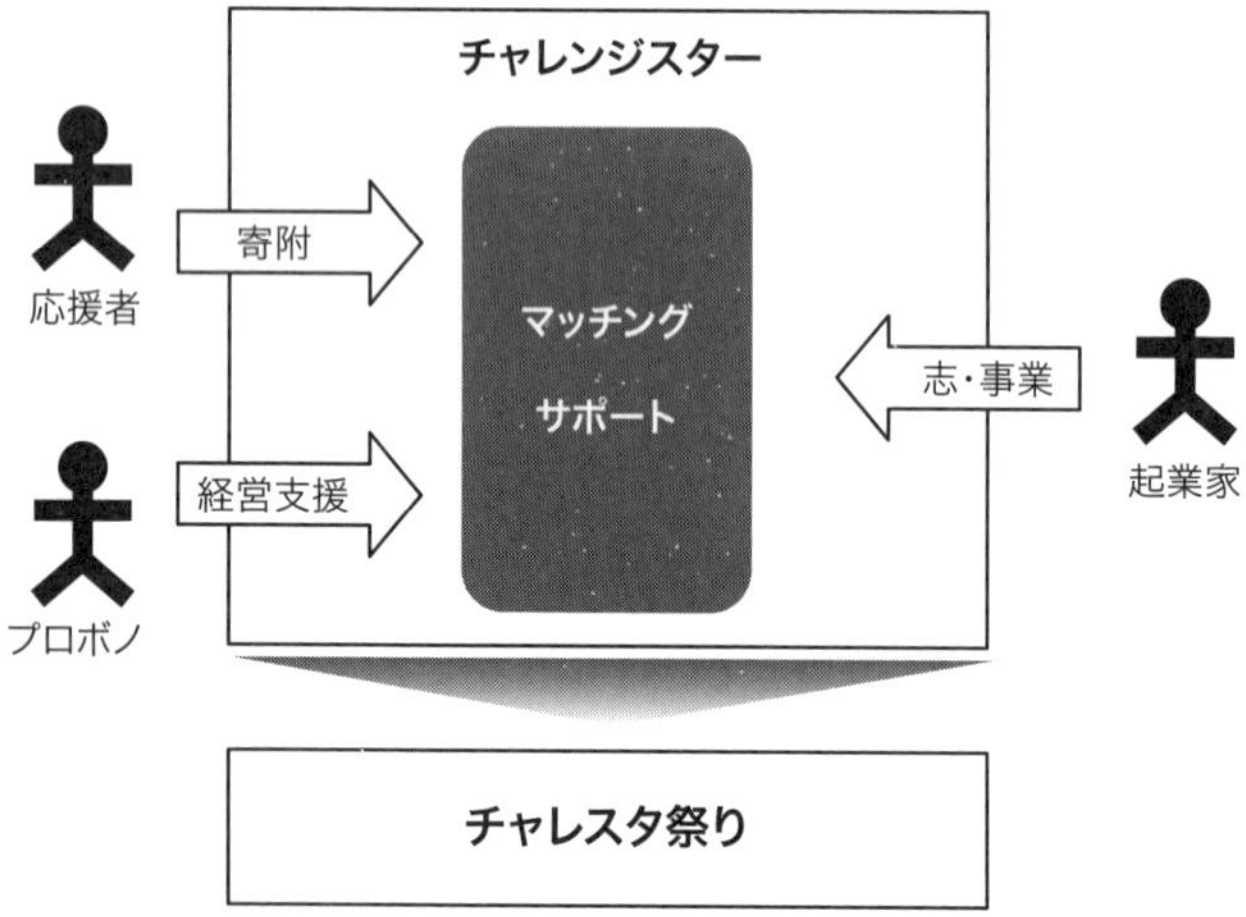

（出典）MAKOTOウェブサイトより筆者が作成

二つ目は、起業家と応援者が同サイトでつながり、皆で成長する仕組みがあることです。起業家は、ウェブサイト掲載の際に、志を達成するために「６か月後もしくは12か月後の目標」を定量的に明確に立てて応援者に対して公約し、定期的にその結果報告をします。周囲からの期待と責任が明確になることで、起業家が成長できる場となっています。

三つ目は、首都圏在住のプロボノサポーター(注21)（専門技能を持って社会貢献活動をする社会人）と同サイトに掲載された起業家をマッチングしている点です。起業家が事業を継続、発展させていくためにの人材採用やＰＲ活動、販路開拓など資金以外の経営課題をサポートするために、プロボノの力を活用していこうとするものです。この仕組みは、「チャレンジスター☆サポーターズ」（通称「チャレ☆さぽ」）といい、地域事業者の経営支援に取り組む一般社団法人新興事業創出機構（宮城県仙台市）との連携により実施しているものです。多種多様なバックグランドを持ったサポーターとつながることで、事業展開のスピードを加速させるチャンスが起業家に提供されています。

最後の四つ目の特徴が、交流イベントの定期開催です。起業家が来場者に直接語りかける交流イベント「チャレスタ祭り」を定期的に実施しています。「チャレスタ祭り」では、過去に掲載した起業家や、これから掲載予定の起業家が実際に集まり、事業報告などのプレゼンを実施して交流しています。「インターネットだけでは伝えきれない、その人の情熱や強い問題意識などを伝えて、マッチングをより広めていきたいのです(注22)」と竹井氏は語ります。

cocolin（ココリン）の室内

（写真提供：MAKOTO）

通常のクラウドファンディングから、一歩進めて支援者との志のつながり（リレーション）を通じた起業家教育を目指す「リレーションファンディング」として地域復興・社会課題解決を推進しているのが、「チャレンジスター」なのです。

●――「化学反応」を生み出す場「cocolin（ココリン）」

ＭＡＫＯＴＯは、「チャレンジスター」の創設よりも先の2012年8月に、仙台市の中心部に東北最大規模のコワーキングスペース「cocolin（ココリン）」を開設しています。コワーキングスペースとは、専用レンタルオフィスや共同のミーティングスペースなどの機能を備え、異なる分野でも同じ「志」を持った者同士の、新たなコラボレーションを促すことをねらいにしています。起業家と、ＩＴ、デザイン、農業などさまざまな分野での起業を目指す人たち、外国人を含めた約50名が入居し、多様性のある場所になっています。異業種、多様性から新しい「化学反応」が起きることを期待しています。

●──「志」が事業成功の原動力となる

ＭＡＫＯＴＯでは、東北復興でもっとも重要なのは、アントレプレナーシップ、いわゆる起業家精神だと考えています。そして、「たとえお金があっても、世のため人のために体を張ろうという『志』のある人がなければ、新しいことはできません」と竹井氏は言います。すぐれたビジネスモデルや革新的な技術があったとしても、それだけでは事業は成功しません。「ビジネスモデルや技術はあとからでもなんとかなります。『志』を重視した方が成功に近づけると思います[注23]」。

震災後の宮城県での開業率は全国でも第４位を誇るようになりました。震災によって日本社会が抱える潜在的な課題が浮き彫りになり、「課題先進地域」と言われるようになった東北では、確実に、それらの課題を解決しようとする起業家が増えています。そして、彼ら起業家をクラウドファンディングと多様性のある実際の場所で支えているのが、ＭＡＫＯＴＯなのです。

(3)　クラウドファンディングで社会が大きく変わる

震災以降、社会のニーズも多種多様なものが、どんどん顕在化してきています。こうした社会の環境変化の中で、一部の人たちで決めたことを、その他多くの人々が、大きな資金を持って、間違いなく実行する、という従来の組織スタイルだけでは対応できないことは明らかです。強い意志と行動力を持った個人や、小さくても柔軟にスピーディに動ける組織（まさしくＮＰＯはその代表です）

の存在感は増すばかりです。上意下達の組織だけはなく、いかに草の根から沸き起こる多くの個が活躍できるようになるかが、社会が確実に変わっていくことの一つの条件だと思います。クラウドファンディングは、個が個を応援する仕組みであり、小さくても強く柔軟性を持った個が行動することを後押ししています。このことは、クラウドファンディングが社会変革の大きなツールとなっていくことを示しており、これからさらに、社会を変えていきたい人々からの期待も大きくなっていきます。READYFORやMAKOTOは日本における、社会変革ツールの草分け的な存在になっていくことでしょう。

(4) 被災地と民間人材のマッチング――「WORK FOR 東北」

●東北で活躍する人材派遣

2014年2月28日、復興庁で、30~40代の4名の企業人が根本復興大臣（当時）と硬い握手を交わしていました。この4名は、2013年10月に復興庁事業として始まった「復興人材プラットフォーム構築事業（通称「WORK FOR 東北」）」を通じて東北へ赴任するために、企業から選抜された初めての方々でした。

WORK FOR 東北は、日本財団をはじめ、それまで東北の復興に向けて活動をしてきた一般社団法人RCF、NPO法人ETIC.、NPO法人HUGらの民間団体がタッグを組み、東北の現地側のカウンターパートとして、いわて・みやぎ・ふくしまの各連携復興センターが参画して運営しています。まさに、官民挙げての支援体制で始まったのです。

ＷＯＲＫ ＦＯＲ 東北が始まった背景には、２つのことがあります。

一つは、「プラットフォーム構築」事業との名のとおり、東北で必要な人材に関しての「需要と供給」の一元化の必要性からでした。従来の東北への人材による支援では、地元の自治体や民間団体が、政府をはじめ経済界などに各々要請していた状態でした。被災地の要請に応えるために、多くの人材が送られていましたが、バラバラに動いていたためにお互いの効率性の面から課題がありました。

根本大臣との記者発表
（写真提供：日本財団）

二つ目は、人材の量による支援から質による支援への転換です。緊急期には、まずは必要な復旧活動を行うための人材、「人手不足」を補うための人材が求められていました。しかし、インフラの復旧などに目途がつき始めつつあった2年目以降には、被災したまちを元に戻すだけではなく、創造的な新しいまちづくりの発想と事業が求められていました。東北の基幹産業である一次産業の六次化(注24)や、新しい産業の育成、観光の振興、教育の再生、住民主体のまちづくりなど、取り組まなければならないテーマが山積していたのです。しかし、こうした新しいテーマについて、企画から実行までを担うには、地元の行政や企業、NPOだけでは足りない面が出てきていたのでした。

●経験値と柔軟性を高める場

WORK FOR 東北では、CSRや人材育成等を目的として社員の派遣を検討している企業、および復興現場で働き直接復興にかかわることを希望する個人に向けて、ウェブサイトや説明会などを通じて情報提供をしています。

派遣における個別相談や紹介などの支援全般、着任後の研修や相談も行っています。人材を募集する案件では、東北の自治体や、自治体と連携して事業を行う団体を優先的に取り扱っています。その理由は、被災地では、復興の担い手としての自治体に期待が寄せられることが多いためです。一方で、先述したように、被災地域では新しい発想の創造的なまちづくりが求められていますが、実際には、現状の自治体の職員だけでは難しいことを、自治体自身もよく自覚しています。ここに新しい人材の必要性が生まれています。

ここで、東北で活躍している人材の事例を紹介します。

原子力発電所の被害があった福島県双葉郡大熊町にある「福島県双葉郡教育復興ビジョン推進協

議会」の事務局で働く赤司展子《あかしのぶこ》氏は、コンサルティング会社のプライスウォーターハウスクーパース株式会社（以下、ＰＷＣ）にて、主に企業再生の業務にかかわっていました。２０１４年6月、ＷＯＲＫ ＦＯＲ東北を通じた東北への人材派遣の社内公募に応募しています。そのときの経緯を赤司氏は次のように話します。「日々、企業の経営支援を行いながら感じていたことは、今後日本にとって重要となる社会的なテーマは医療、教育、農業ではないか、ということでした。社内公募で、福島の『復興×教育』を見つけたときは、今の日本でしかかかわれないテーマだと強く感じて、これはもう申し込むしかないと、手を挙げていました」。

赤司氏は、その後の社内の選考、面談などを経て、２０１４年8月着任しました。主な業務は、大熊町いわき出張所を拠点にしながら、教育復興ビジョンの具現化に向けたプロジェクト全体の管理、運営です。双葉郡は8つの町村からなるため、8人の教育長をはじめ、地域ごとに教育関係者や父兄そして主役となる子どもたちなど実に多くの関係者が存在します。大きな目的は共有できていても、自治体によって避難生活の状況なども違うため、目指すものは少しずつ異なります。赤司氏は事務局の一員として、こうした関係者の合意形成づくり、研修会などの企画、実施を担っています。

8つの自治体との調整に加えて、外部の支援者との調整も担う赤司氏の役割は、重要度を増していいます。「前向きに自ら道を切り開いていく行動力、仕事のスピード感、上手なネットワークづく

赤司展子氏
（写真提供：日本財団）

りの3つの力にいつも感心しています。私や周囲も良い刺激を受けています」と、大熊町教育委員会の竹内敏英教育長は、赤司氏の仕事ぶりを評価します。赤司氏を送り出したＰＷＣの野口功一東北イノベーション推進室長は、社員を東北へ送る価値について「コンサルティング会社はメーカーなどとは違い、会社の商品は〝人〟です。東北で働いている彼女が今吸収しているものの多さや豊かさは計り知れません。被災地は、経験値と柔軟性を高められる、実にすばらしい人材育成の場になっています」と言います。また、さらなる効果として「さまざまな企業がＰＷＣの東北での活動に興味をもってくださり、それがきっかけでビジネスチャンスにつながったり、就職活動中の若い人が、この取り組みを魅力に感じてくれるといった反響も出てきています。社内でも東北の話を聞きたがる社員が増え、それが部署を超えた社員のつながる軸となり、社内が活性化されています。投資以上の効果が生まれていると断言できます」とも述べます。

このことは、人材を欲している被災地だけではなく、東北へ社員を送る企業にとっても、その価値が二重三重にも広がっている、一つの事例です。

被災地で働くことは、東北だけでの価値ではない

こうした事例から民間で培った能力をもった人材が被災地で働くことの価値は、単なる人手不足を補う意味以上のものがあることがわかります。同じ東北の中でも、こうした価値に気づいている地域・自治体が、徐々に増えてきています。前節で紹介した宮城県女川町やその隣の石巻市、岩手県釜石市なども、戦略的に地域外の人材を受け入れている地域です。

さらに言えることは、このように地域にはない視点や能力をもった人材を受け入れ、活躍をしてもらうことが地域全体にとっても良い刺激になり、その地域が活性化するきっかけになることは、東北に限った話ではない、ということです。

「地方創生」と言われる前から、全国各地では、どのようにして地域を活性化していくのか、試行錯誤しながら向き合ってきました。一方で、震災や原発事故による被災で「地域課題の先進地域」とも称される東北において、本書でも紹介しているように、実にさまざまな課題解決のための「実験」が繰り返されています。

WORK FOR 東北は2014年4月から、日本財団が事業主体として引き継ぎ、現在も継続しています。これまでに、岩手、宮城、福島の復興にかかわる業務や、自治体だけでは対応できない民間人材が求められる業務に対して、人材を募集・派遣しており、事業開始以来2年余りで、岩手県に46名、宮城県に28名、福島県に58名、計132名の人材が赴任しています。

人材を受け入れている地域、赴任した本人、そして派遣をしている企業、それぞれによい効果をもたらしているWORK FOR 東北は、地域外による人材の活躍によって地域を活性化させる方策を進める手法として、全国でも活用される可能性を秘めています。

⑸ 新しい価値を創出する手段として

ここで紹介したような、事業に必要な経営資源（資金・人材）の調達を専門にしている取り組みでは、当然のことながら地域の枠を越えて連携をしています。そして、必要な連携と調達には、インターネットをはじめとする最新のIT技術も駆使して、地域と分野という物理的な距離を飛び越えているのです。しかし、最新の技術だけで資源調達が成り立っているわけではありません。事業の実施者と支援者の間に立って、お互いのニーズが充足されるようなコーディネートを行う機能が、それぞれの取り組みに存在しています。

つまり、資源を調達をするためには、「需要と供給」双方の状況や、お互いの気持ちと言語を理解する専門の機能と人材が必要です。さらに、その専門的機能・人材が安定して提供できるような組織的な基盤も必須となっています。一方で、資源調達の重要性は、表面上のマッチングしか目に見えないものですから、事業の本質が理解されないのも実情です。そのため、こうした「間に立つサービス」のビジネスモデルが、我が国ではまだまだ成り立ちにくいのも実態です。今後は、どのようにして「間に立つ」サービスの価値を理解してもらい、広めていくのかが課題となります。筆者自身も、ＷＯＲＫ ＦＯＲ 東北に事業統括として携わっていますので、この課題は身にしてみて感じています。

この課題を解決する上での一つのヒントが、本節で紹介した事例には共通してあります。それは、経営資源の調達支援を通じてつながった人たちの間には、思いを同じくしたコミュニティが出来上がっている点です。地域的なコミュニティが崩壊の危機にあるのは、東北の被災地に限ったことではありません。しかし、これらの事例では、思いを持った個人や組織が「間に立つサービス」を介してつながることによって、これまでにないコミュニティが形成されています。気持ちでつながっているコミュニティほど、人々を勇気づけ、安心をもたらす強いものはありません。いざというときには、物理的な距離などは飛び越えてしまいます。こうした新しいコミュニティを創出する価値が、資源調達サービスにはあるということを、もっと社会に広めていかなければならないと思います。

第2講 NPOが社会課題へ向き合うこと

1　ボランティアからNPOへの変遷

第1講では、東北でのNPOの新しい動きをご紹介しました。本講では、そもそも市民の自発性（ボランタリー）を発露にした動きが、どのようにNPOという「器」に社会化されていったのかを振り返り、この「器」は、今後どういった社会的な価値を発揮していくのかを考えたいと思います。

本書の「はじめに」で、大災害が起きたからといって社会は変わるものではない、という問題提起をしています。今日ある、市民の自発性に支えられた公益活動は、まさに21年前の阪神・淡路大震災という、大きな衝撃が契機となって広く定着していくことになりました。しかし、これはそのあと無意識に社会化、定着したものでは決してなく、そこには、意思ある人々の行動があったからなのです。

(1)　「ボランティア元年」から、特定非営利活動促進法の成立へ

1995年1月17日、兵庫県南部を中心に発生した阪神・淡路大震災は、私たちに大きな衝撃を与えました。大きな地震など起きないと言われていた地域での災害は、戦後の日本が経済発展でひ

た走ってきたなかでつくり上げた神戸という都市を、一瞬にして破壊しました。テレビを通じて映し出される被災地の惨状に、私たち誰もがいても立ってもいられない気持ちになったことを、昨日のことのように鮮明に覚えています。

そして、その気持ちを行動に移したのが、日本中から神戸へ集まった多くのボランティアでした。

阪神・淡路大震災でのボランティア活動
（写真提供：日本財団）

延べ１３８万人にもおよぶボランティアは、ほとんどの場合は個人としての行動でした。こうした現象は、後に「ボランティア元年」と呼ばれるまでになり、その後も多くのボランティア組織を生む大きな契機となったのです。ここで私たちは大切なことを学ぶことになります。ボランティアに参加した人の数の多さもさることながら、その時に日本社会が学んだことは、ボランティアによる支援の多様性や迅速性、柔軟性です。これらボランティアの特性は、行政の特性とはほぼ逆にあり、行政とは互いに補完関係にあるものとして語られてきましたが、多くの日本人は頭ではわかっても、他人事ではなかったかと思います。少なくとも私はそうでした。お恥ずかしい話ですが、このような仕事をしている私でも、それまでは理論でわかったところで終わっていました。

　ボランティアの特性を活かした多くの実践が神戸で生まれたことで、私のように支援をする立場や、研究者も五感を通して理解できたのではないでしょうか。

　行政だけが公益を支える存在ではないということが、本当の意味でわかってきたことが、ボランティア元年の価値でした。そして、この価値を一過性のものにはせずに、日本社会に定着させるのに必要なものとして法制化されたのが、今日の特定非営利活動促進法です。

(2)　特定非営利活動促進法の成立とその後

　ボランティア元年で大きな動きになった市民のボランタリーな活動は、個人的な活動から、次第に組織体としての活動が求められるようになりました。それは、需要と供給の両面で、そのサービスの継続性が求められることに気付いたからです。

　気ままにできる範囲で活動をしていた段階から、責任ある主体として行動することが社会的に求められるようになったのです。その結果として、法整備の必要性が関係者を中心に沸き起こり、議員立法というかたちで１９９８年に誕生したのが、特定非営利活動促進法（通称「ＮＰＯ法」）でした。施行当初は、保健、福祉や教育などの17分野に「特定」されていた法律ですが、その後、社会環境の変化もあり「経済活動の活性化」分野などが新たに加わり、20分野まで対象が広がりました。

特定とは名づけられてはいるものの、実態としては、すべての公益的な活動が対象になっている印象です。そして現在は、NPO法人だけをみても5万を超える法人が認証を受けています。本書では、NPOを広義にとらえていますが、それらを加えると、NPOは、私たちの日常生活に密接にかかわっている存在でもあり、また社会的な公器としても期待が増していることが理解できます。

2　連携と「コレクティブ・インパクト」

(1)　小さな政府を目指す

「失われた20年」と言われて久しいですが、NPO法が誕生する前後から、社会の状況も大きく変化をしてきています。経済成長の鈍化と超少子化・高齢化の進展による人口減少などにより、政府の財政状況が切迫してきていました。こうした背景から、行政自身で提供する公共サービスを縮小し、小さな政府を目指す方向性になっていきます。そこで具体的に実施したことは、行政が提供するサービスの民間への外部委託です。この民間には、企業だけではなく、当然NPOも含まれています。NPOに予算を提供し、政府よりも効率的にサービスを提供してもらうことで、小さな政府を実現しようというわけです。先述したように、行政組織は機動性・効率性に欠ける傾向があります。そこで、専門性が高く、機動力のあるNPOへの委託が増加してきました。小さな政府を目指すことは、非営利セクターの発展にとっては、一つの転機であったともいえます。ちなみに、この状況は、日本だけ

NPOでの活動の様子
（写真提供：日本財団）

ではなく、欧米をはじめとして先進国においてはおおむね同じ傾向でした。

そのような方針を進めていくなかで、社会的なニーズは増大し、ＮＰＯの数もそれに従って増加していきました。一方で、行政の財政が逼迫している状況が、中長期的には好転することはありませんでした。そのため、限られた財源の中で、多様化・増大するニーズに、行政やＮＰＯは今後どのように対応していくのかが課題となっています。

(2)　セクターを越えた連携へ

従来、社会問題に取り組む主体は、行政やＮＰＯの領域であると考えられてきました。しかし、社会問題が複雑になるにつれて、それらの主体が単体で取り組むだけでは、問題の根本的な解決に時間がかかってしまったり、そもそも解決には至らないケースがほとんどとなっています。特にＮＰＯは、政府よりは効率の良い、単なる社会的サービスの提供者という存在になってしまっては存在価値がありません。

第1講でも紹介したように、NPOは本来、新たな価値を提唱し、イノベーションを通じて「社会変革（ソーシャル・チェンジ）」を目指すセクターなのです。

しかし、パブリック・セクター（行政）やプライベート・セクター（企業）などのセクターに比べて、NPOの経営資源は限られています。このため、複雑な社会問題を解決し社会を変革していくためには、NPOは行政や企業をどう巻き込んでいくかが非常に重要となってきています。

そこで、こうした新しい取り組みにおいて、セクターを越えた「連携」が重要なキーワードとなってきます。今回、本書で取り上げた多くの事例は、それぞれ多様な「連携」をしていることを示しています。このようにNPO単独ではなく、特定の課題にかかわる関係者を巻き込み、それぞれの強みを活かして変化を創出していくアプローチのことを、コレクティブ・インパクト（Collective Impact）と呼んでいます。いわば「集合知による問題解決」です。

この考え方は、米国のスタンフォード大学が発行している社会イノベーションレビュー誌（2011年冬号）でジョン・カニア氏とマーク・クレイナー氏が述べているものです。(注25) そこでは、「コレクティブ・インパクトとは、特定の社会課題に対して、一つの組織の力で解決しようとするのではなく、行政、企業、NPO、基金、市民などがセクターを越え、互いに強みやノウハウを持ち寄って、同時に社会課題に対する働きかけを行うことにより、課題解決や大規模な社会変革を目指すアプローチのことである」と説明されています。

今日では、複雑な社会問題を解決していく上では、「コレクティブ・インパクト」の考え方が有益であることが世界的にも注目されています。その中にあって、本書で取り上げた東北での事例は、実に多くの担い手による「コレクティブ・インパクト」を追求している点においても、日本だけではなく、世界的に見ても注目すべき事例となっていると言えるでしょう。

(3) 問題解決・社会変革のための5つの条件

では、「コレクティブ・インパクト」というアプローチで問題解決、社会変革を進めていくには、どういった点がポイントとなるのでしょうか。

カニア氏らは「社会問題は、社会分野の組織行為によってのみ発生するのではなく、行政行為とビジネス活動との相互作用によっても発生する。つまり、複合的な問題は……複数のセクターが団結して取り組まなければ解決できないのだ」と述べ、セクターを越えた多様な資金や組織による連携によって「コレクティブ・インパクト」を出すためには、次の5つの条件をクリアしなければならないと主張しています。

① 共通の目的（アジェンダ）設定：すべての参加者がビジョンを共有していること。

② 評価システムの共有：取り組み全体と主体個々の取り組みを評価するシステムを共有してい

ること。

③　活動をお互いに補強し合う：各自強みを生かすことで、活動を補完し合い、連動できていること。

④　継続的なコミュニケーション：常に継続的にコミュニケーションを行われていること。

⑤　活動を支える組織の存在：活動全体をサポートする「基幹サポート」専任のチームがあること。

特に、この5つの条件の中で成功のカギを握るのは、活動全体の戦略的な方向性を決め、多様なパートナー組織間の対話を実現し、データ収集と分析を行って、コミュニティへの働きかけを調整するとともに、必要な資源調達も行う「基幹サポート組織の存在」です。本書で紹介した事例で中心的な役割を果たしている組織（「つなプロ」「東の食の会」「東北開墾」「いわて・みやぎ・ふくしまれんぷく」「カタリバ」「アスヘノキボウ」「READYFOR」「MAKOTO」「WORK FOR 東北」）は、この「基幹サポート組織」として自らを位置づけているのがわかります。

一方でこれらのNPOが、さらにほかの4つの条件も加えて、すべてを十分にクリアしているのかというと、そうではありません。しかしながら、繰り返しになりますが、彼らの取り組み一つひとつが5つの条件を追求してやまなかったことも事実であり、だからこそ、これほどの成果を出していているのです。おそらく最初から理論的に、すべてがきれいに計算されて活動を始めたものではないと推察されます。走りながら考えることは、NPOの特性です。活動をしながら、「目的を達成するには、社会を、東北を変えていくには何が必要か」を考え抜いた結果なのだと思います。

3　NPOの今後──経営基盤強化と新しいリーダーシップ

第2講では、社会ニーズの多様化・増大と政府部門の外部委託化の背景からNPOの数や活動領域が広がったことを述べてきました。広い視野で見れば、公共概念の広がりによるNPOの活動領域の拡大とも言えます。社会からのNPOへの期待は高まっています。

さらには、NPOが単独でできることをやるのではなく、「コレクティブ・インパクト」に代表されるような、基幹サポートができるNPO・組織が数多く必要です。

それを実現するためには、NPOの経営基盤強化に加えて、戦略的なパートナーシップと独自性、セクターを越えて多様性を受け入れるなどの力量を持ち、変化に素早く柔軟に対応できる人材（リーダー）の存在が必要となってきます。

(1)　寄附とボランティアをいかに発展させるか

まず、NPOの経営基盤を安定化（キャパシティ・ビルディング）させ、しっかり確立させる必要があります。具体的には、NPOには寄附とボランティアが欠かせないため、この2つの要素をどのように発展させていくかが重要なポイントです。

まず寄附です。収入基盤の安定化にサービス収入を拡大することも大事ですが、それよりも寄附を基礎とした資金調達に力を入れるべきです。この話をすると、ＮＰＯにとっては資金としての融通性の点から寄附が重要であると理解される側面もありますが、そうではありません。ＮＰＯの本質的な点で重要なのです。

日本でもＮＰＯへの寄附税制はかなり進みました。最近では、税制だけではなく、寄附文化を日本にも広げ、定着させようとする専門機関（公益財団法人日本ファンドレイジング協会）(注26)の活躍もあり、今、日本のＮＰＯにも寄附が大変注目されてきています。さらには、クラウドファンディングの部分でも紹介したように、寄附をする上での物理的、技術的な障壁はほとんどなくなりました。つまり、制度や情報、サポート、技術などが整っている環境に日本もなったのです。すると、本質的に各々のＮＰＯの存在意義、つまりどのような社会を目指そうとしているのかを、いかに多くの方々に共感をしてもらうのかが課題となってきます。

「寄附や支援者が集まらない」と嘆いているNPOは、自分たちの経営努力が足りないことを露呈しているとも言えます。もちろん、行政による助成・委託への依存から脱却して安定した経営基盤を確保する方向に向けても、確実に発展してきているＮＰＯもあります。ＮＰＯが寄附の本質的な意味の重要性を理解して、資金調達に自分たちの努力を重点配分しているのかは、今後の課題となると思います。

次に、ボランティアです。

人件費などに潤沢な財源をさくことが多くないＮＰＯにとって、活動の理念に賛同し、寄附ではなく「参加」というかたちで、支援をしてくれるボランティアは企業にはない大変重要な経営資源です。では、ボランティアの参画を増やすにはどのようにしたらよいでしょうか。その一つの方向性が、企業からの人材にあると考えます。最近だとプロボノ（注21参照）というボランティアの考え方も広がってきているように、企業には、ビジネスで十分に鍛えられた人材がいます。「東の食の会」のケースを見るまでもなく、彼らの能力は、ＮＰＯの活動にとっても欠かすことができないものとなっています。

幸い、日本では企業が前向きに社会にかかわろうとしています。東日本大震災以降、特にそういう機運が高まっています。志を持った企業と協働することが、今まで以上にＮＰＯにとっては、重要になってきます。

このように、いかに活動理念に共感・賛同をしてもらい、寄附やボランティアで支援をいただくのかが、環境が整っている今だからこそ、具体的な課題として浮かび上がってくるのです。それには、ＮＰＯの基本を学び経営を高度化することに加えて、多くの関係者とのコミュニケーションができる人材が必要となってきます。

⑵　NPOに必要な新しいリーダーシップ

経営の高度化と多くの関係者とのコミュニケーションができるリーダーとはどういった人材でしょうか。

まず一般的にリーダーシップというと、多くの人が思い浮かべるイメージは、カリスマ的な人物で、ものすごいアイディアを持っていて、組織の全員を引っ張っていく強力な指導者ではないでしょうか。組織は、このようなリーダーのビジョンを、スタッフたちが一生懸命に形にしていくというイメージです。

しかし、一人の人間の知識や体験には限りがあります。これほど変化が素早い社会において、そのやり方だけでよいのでしょうか。こうした社会においては、細やかな感性をもったリーダーの存在も重要となってきます。企業でも推進されているダイバーシティ経営(注27)などもこの流れをくんでいると思います。

そして、この新しいリーダーシップは、NPOにとってこそ必要かつ重要なものです。なぜなら、これまで述べてきたように、NPOが社会的なインパクトを出す際の「触媒」となり、基幹サポートを行う存在そのものだからです。計画を押し付けることなく人々を動かし、貢献した人々をきちんと賞賛するといった人間力、そして時間をかけて徐々に改善されるような社会的事業に辛抱強く経済的支援を続けてくれるスポンサーの確保など、状況に対してしなやかに自らを「適応」させ、なおも目標に向かっていく、こうした新しいリーダーシップを「アダプティブ・リーダーシップ」(注28)（適応型リーダーシップ）といいます。

行政、ビジネス、ＮＰＯと関係者の文化がわかり、課題解決の仕組みをつくることができる人材ということもできるでしょう。こうしたリーダーシップは「ある種の極限状況に入ってグループとしての問題解決を行っていくプロセスを経験することで、アダプティブ・リーダーシップとは何かを実地に学んでいく」(注29)（ジョンズ・ホプキンス大学客員研究員・小林立明氏）ことで、身につけられると言われています。

この状況は、東北で活躍しているＮＰＯに共通してあったのではないでしょうか。本書で紹介したＮＰＯには、そうしたリーダーが多数存在しています。そして、それは東北だけの状況ではないのが、今の将来の日本の姿だと言えます。

(3)　社会に、地域に必要なものはなにか

これまで見てきた事例は、被災地の支援というだけではなく、社会や地域に必要な資源や取り組みを冷静に見極め、戦略的に地域の内外とオープンなつながりをつくってきていました。

地域や分野、立場を超えてつながることで、多くの知恵や資源が交錯し、地域にイノベーションを起こしていることに新しい価値（「コレクティブ・インパクト」）がありました。この価値の創造の過程

や成果は、今後の日本の地域づくりに欠かせない財産となることを確信しています。そして、その中心には、多くの人々に賛同され経営基盤が強化された、新しいＮＰＯがいることを期待します。

〔注〕

（1）「市場の失敗」とは、さまざまな財・サービスの市場において、需要と供給が等しくなるように価格が調整されるという市場の価格メカニズムでは、資源の効率的配分が達成されないこと。例えば、公害のような外部不経済（経済活動の外側で発生する不利益が、個人、企業に悪い効果を与えること）がある場合に過大供給になる一方、公園のような外部経済が存在する場合や、サービスの供給者と消費者の間に情報の非対称性が存在する場合に、供給者が消費者に対してサービスの質や価格などで不適切な行動をとったりすることなどが考えられる。（出典参考：ブリタニカ国際大百科事典）

（2）「政府の失敗」とは、経済運営において政府が失敗すること。行政によって提供されるサービスの質や量は、議員・議会によって決定されるが、それは議員を選ぶ有権者（市民）の中でも多数を占める中位投票者のニーズを強く反映することになる。その結果、平均的ではないニーズには対応できず、きめの細かなサービスの供給や効率的な供給がなされない状況を生み出す。（出典参考：ブリタニカ国際大百科事典、桜井政成編著『東日本大震災とNPO・ボランティア―市民の力はいかにして立ち現れたか』（2013年、ミネルヴァ書房）

（3）「災害関連死」とは、建物の倒壊や火災、津波など地震による直接的な被害ではなく、その後の避難生活での体調悪化や過労など間接的な原因で死亡すること。2011年3月11日に発生した東日本大震災での災害関連死は、3407人にのぼる。（2015年9月30日現在、復興庁ホームページより）

（4）グロービス経営大学院・田久保善彦『日本型「無私」の経営力〜震災復興に挑む七つの現場』（2012年、光

文社新書）

（5）ウェブサイト「地方創生のススメ」一般社団法人東の食の会〜東日本の食の復興と創造を促進するために〜

（6）河北新報2014年7月24日

（7）「中間支援組織」とは、地域社会とNPOの変化やニーズを把握し、人材・資金・情報などの資源提供者とNPOの仲立ちをしたり、また、各種サービスの需要と供給をコーディネートする組織のこと。NPOを支援するNPOという言い方で要約される場合もあり、インターミディアリー（intermediary）、中間支援団体、NPOセンター、ボランティアセンターなどとも呼ばれる場合もある。（出典参考：内閣府「中間支援組織の現状と課題に関する調査報告」）

（8）「みやぎ復興応援隊」は、国の「復興支援員制度」を活用したもの。「復興支援員制度」とは、被災者の見守りやケア、地域おこし活動の支援等の「復興に伴う地域協力活動」を通じ、コミュニティ再構築を図ることを目的に、被災した地方公共団体が定める復興計画やそれに基づく要綱等を根拠として、被災地域内外の人材を委嘱する制度。期間は、おおむね1年以上最長5年とし、岩手、宮城、福島の3県および18の市町村で、452名が活動している。（出典参考：総務省ウェブサイト）

（9）認定NPO法人カタリバウェブサイト

（10）田久保善彦編『東北発10人の新リーダー――復興にかける志』（2014年、河北選書）

（11）（10）に同じ

（12）「ハタチ基金」は、2011年4月から、日本財団を基金設置管理団体として、被災地の子どもたちの心のケア、学び・自立の機会を継続的に提供する事業を行うために、4つのNPO（認定NPO法人フローレンス、認定NPO法人カタリバ、NPO法人トイボックス、公益社団法人チャンス・フォー・チルドレン）が共同で設立、運営。2015年1月より、新たに基金管理団体として、「公益社団法人ハタチ基金」を設立し、日本財団から基金管理

業務を継承して、事業を継続している。（出典参考：ハタチ基金ウェブサイト）

(13) 女川フューチャーセンター「Ｃａｍａｓｓ（カマス）」は、「女川の未来を考える地域内外の交流施設」として、２０１５年3月に再建されたＪＲ女川駅前にオープンした。共同で使える会議室やワーキングスペース等を備えている。「Ｃａｍａｓｓ」とは、女川弁で「かます＝かき混ぜる」と英単語の「Mass＝たくさんの・大勢で」の２つを組み合わせており、「女川でみんなのつながりを作る場所として愛されるように」という想いが込められている。（出典参考：ＮＰＯ法人アスヘノキボウウェブサイト）

(14)「ＮｅｗＤａｙ基金」は、アート企業カイカイキキが、２０１１年11月にクリスティーズＮＹで東日本大震災の復興支援チャリティオークション「New Day-Artists for Japan」を開催し、その売上金から約3億４０００万円が日本財団へ寄附されて、設けられた基金。東北の地に自立と主体を取り戻すため、未来へ続く新しい空間や場の創造に資することをコンセプトにしている。他には、福島県猪苗代町にある「はじまりの美術館」や同郡山市の「福島コトひらく」などの開設支援をしている。（出典参考：日本財団ウェブサイト）

(15)（10）に同じ

(16) ＲＥＡＤＹＦＯＲウェブサイト

(17) 電通報２０１５年2月19日

(18)（16）に同じ

(19)「購入型：お金を出した人は、プロジェクトが提供する製品やサービス、権利等を購入するシステム」に対して、「投資型：お金を出した人に、お金が返ってくる。何らかの金銭的なメリットが求められるシステム」であり、「寄附型：お金を出した人に対して、見返りはまったくない。投げ銭的なシステム」とされる。

(20) 東北電力　東日本大震災復興情報レポート

(21)「プロボノ」は、ラテン語の〝pro bono publico〟（公共善のために）の略で、社会人が仕事を通じて培った知識やスキル、経験を活用して社会貢献するボランティア活動全般を指す言葉。欧米の弁護士が始めた無料の法律相談が発端となって、他分野へ波及したと言われている。日本においても、プロボノの紹介や普及を専門に活動するNPOも出てきている。

(22) (20)に同じ

(23) (20)に同じ

(24) 「一次産業の六次産業化」とは、農林水産物を収穫・漁獲（第一次産業）するだけでなく、加工（第二次産業）し、流通・販売（第三次産業）まで手がけることで、農林水産業の経営体質強化を目ざす経営手法。農業経済学者で東京大学名誉教授の今村奈良臣氏が1990年代なかばに提唱した概念で、第一次産業の「1」に第二次産業の「2」と第三次産業の「3」を足して「6」になることから名づけた造語。農林水産業者の六次産業化で、従来、第二次・三次産業事業者に回っていた加工賃や流通マージンなどを農林水産業者自身が獲得し、付加価値を向上させるねらいがある。農林水産物のブランド化、地域特産品の開発、消費者への直販などの手法がとられることが多く、農山漁村の活性化と関連づけて論じられることが多い。政府もこうした六次産業化を推進するため2010年、六次産業化法（地域資源を活用した農林漁業者等による新事業の創出等及び地域の農林水産物の利用促進に関する法律）を公布し、農林水産省が六次産業化する事業を認定、補助金や情報提供などで支援している。（出典参考：知恵蔵2015、コトバンク）

(25) Stanford Social Innovation Review　2011年冬号

(26) 「公益財団法人日本ファンドレイジング協会」は、2009年に設立された公益財団法人。民間からNPO等への寄附額を、2020年には10兆円規模の実現を目指して、ファンドレイザーのための資格制度（認定ファンドレイザー資格制度、准認定ファンドレイザー）や、毎年の寄附白書の発行、子どもの寄附教育「寄附の教室」、ファンドレイジング大会の開催、社会的投資市場のための調査研究などを手がけている。「共感をして寄附をする」ことがコンセプト。

(27)「ダイバーシティ経営」とは、個々人の「違い」を尊重し受け入れ、「違い」に価値を見つけ、その「違い」に係わらず全社員を組織に平等に参加させ、成果、能力、貢献を最大限発揮させることで、イノベーションを誘発し、価値創造を実現する経営手法のこと。一般的にダイバーシティは性別、年齢、国籍など、外見でわかる属性ととらえられるが、表面的には見えない個々人の生い立ち、価値観、性格などの異なった背景や状況をも含み、すべての人々を示すものである。企業がダイバーシティへの重要性を認識し、積極的に取り組むようになった理由は、従来の画一的な企業の制度や考え方が激変するビジネス環境にそぐわなくなったからである。例えば、少子高齢化やグローバル競争などの変化が激しい現在において、一昔前に成功した「日本人・男性・大卒・正社員」に最適な人事システムが、企業競争力を低下させていることにも見られる。海外の企業は「生き残りをかけた変化への対応」として、ダイバーシティを強力に推進しており、日本の企業でも導入が広がっている。（参考出典：アパショナータウェブサイト）

(28)「アダプティブ・リーダーシップ」（適応型リーダーシップ）とは、不確実性の高い事業環境の中にあって、組織内外のさまざまな関係者のダイナミックなネットワークが協働して、共通の目標を達成できる状態をつくりあげることができるリーダーシップのこと。その特性として、指示命令ではなく関係者の相互作用の背景にある文脈をマネジメントする「ナビゲート」、目的意識を共有し権力ではなく影響力をもってマネジメントする「共感」、実験を推奨し「自己修正を通じて学習する」力、自身の組織にとっても外部のステークホルダーにとっても「ウィン－ウィン」を追求することとされている。（参考出典：The Boston consulting group「アダプティブ・リーダーシップ」）

(29)「ジョンズ・ホプキンス大学客員研究員・小林立明さんに聞く、米国NPOセクターの人材育成のフロンティア（後編）」（参考出典：DRIVEウェブサイト）

第4章

日本社会の変化

第1章では、かつてない大震災に対して、政府はこれまでにない対応をとったことを紹介しました。そしてそれが、行政の変化を生んでいることを指摘しました。第2章では企業の貢献を、第3章ではNPOの活躍を紹介しました。第4章では、これら3つの変化が別々のものでなく、同じ歴史の変化の中で生まれていることを説明します。

被災地の賑わいを取り戻し、被災者の生活を再建するためには、インフラを復旧するだけでは不十分で、産業の再生とコミュニティの再建が必要でした。それらは、行政だけでできるものではありません。他方で、復旧と復興を通じて、町は行政と住民だけで成り立っているのではなく、企業やNPO、コミュニティなども重要な主体であることがわかりました。

これらの背景にあるのは、社会の見方の変化であり、行政の役割の変化です。これまでは、公共サービスは行政が提供し、商業サービスは民間企業が提供する、事業や生活の再建は住民に任せる、といった公私二元論でした。これからは、地域社会は行政、企業、非営利活動の3つから成り立っている、それらが協働して暮らしを支えるという、官共私三元論への転換です。企業やNPOは、役場の事業の発注先でも下請けでもありません。役場と一緒になって地域の課題を解決してくれる同志です。

第1講 町の暮らしを再建する

被災地では、町のすべてを、あるいはその大部分を流されたところもあります。このような町では、町の再建のために、何から手を付けなければならないかを考えなければなりません。それが、町の暮らしが何で成り立っていたかを、浮き彫りにします。また、新しいまちづくりについて住民たちが話し合うその過程が、コミュニティをつくることそのものになるのです。

1　町をつくるモノ・機能・つながり

(1)　津波が流し去ったもの

津波は、住宅を、工場を、橋を、線路を、道路を、車を流し去りました。しかし、流されたのは、建物や施設だけではありません。建物や施設の中にあった機能と、それがつくっていたつながり、それらすべてが流されたのです。商店がなくなって、食料品も日用品も買うことができなくなりました。それだけでなく、そこにあったおしゃべり、情報交換、信頼なども失われてしまいました。病院という施設が流されると、診察と治療を受けることができなくなります。あわせて、顔なじみの主治医や受付の職員、患者同士にあったつながりも失われます。喫茶店や居酒屋は、コーヒーやお酒を売っているというより、会話の場を提供しています。施設が失われることで、各種のサービス機能とともに、人との出会いやつながりが失われます。親しい人とつくっていた信頼がなくなり、コミュニティが壊れるのです。

ご近所の人と別れて避難した人たちが感じる孤独は、他人とのつながりの大切さを示しています。このように、津波は建物だけでなく、各種サービスも人とのつながりも、つまりは町を流し去ったのです。それらすべてがあって、町ができていたのです。

道路を復旧し建物を再建しただけでは、住民の暮らしとそこにあった賑わいは戻りません。では、住民の暮らしを再建するには何が必要か、整理してみましょう。被災地で住民や役場が取り組んでいる苦悩であり、復興庁や関係者が試行錯誤している支援の過程です。

まず、大量のがれきを片付けなければなりません。それから、インフラストラクチャーの復旧が必要です。道路や上下水道、各種の公共施設、電気や通信といったライフラインなどです。

次に、毎日の生活を送るために、各種サービスの再開が必要です。教育、医療、介護といった公共サービスと、商店やガソリンスタンドといった商業サービスです。そして生活の基礎にあるのが、働く場です。雇用の場として、企業活動や事業が再開される必要があります。

もう一つ重要なのが、人とのつながりです。コミュニティ、友だち、さらには趣味の同好会もあるでしょう。そのような意識する友人や知人でなくても、ふだんの買い物や仕事の際に、いろいろな人との付き合いと信頼関係をつくっています。私たちは、さまざまな人とのつながりやグループの中で生きています。人間は、社会的動物です。

新しいまちづくりの話し合い
（写真提供：東北学院大学教養学部地域構想学科）

町の再建の過程そのものが、地区住民のつながりを必要とします。どの高台に移転するのか、現在地でかさ上げをするのか。新しい町では、どのように住宅や商店を配置するのか。それを、国はもちろん町役場でさえ、勝手に決めて押しつけるわけにはいきません。住民たちが自らの考えを持ち寄り、地区ごとに話し合って決めることが必要です。この合意形成は、町内会や隣近所の人たちとのつながりに支えられています。町を再建する際にも、新しい町で暮らしていくためにも、住民のつながりは重要なのです。

これは、原発事故で避難を余儀なくされた地域も同じです。避難指示が解除されても、直ちには、住民は帰還できません。商店や病院などの再開が必要です。また、働く場がないと、住民は戻ることができません。

⑵　復興と町を支える民間の力

各種のサービスが町の暮らしを支え、地域の住民とのつながりの中で人の安心は成り立っています。商店や工場がなくなったことで、地域における企業活動がいかに町を支えてきたのかがわかりました。また第2章と第3章で見たように、復旧と復興の過程で企業やNPOなどが貢献したことで、民間の力が町をつくっていることも見えてきました。復興における民間の力を、振り返ってみましょう。

●――企業の貢献

まず企業の役割です。被災地では発災直後から、各企業が総力を挙げて電気や通信といったインフラを復旧させるとともに、各種のサービスと生産の再開を急ぎました。東北新幹線は5月のゴールデンウイークには開通し、津波被災地や原発事故被災地を除き、多くの工場も夏には生産を再開しました。これは、企業にとって事業活動そのものですが、サービスの再開は被災地での暮らしに不可欠です。特に今回は、ガソリンスタンド、コンビニエンスストア、宅配便の早期再開の効果が大きく、地方の暮らしの中で重要な役割を果たしている業種であることが、改めてわかりました。加えて企業の事業再開は、雇用を継続します。働く場所の少ない地域にとっては、大きな支援です。

被災地を走る宅配便、2011年3月24日、南三陸町内
（写真提供：朝日新聞社）

企業もそれを認識して、再開を急いでくれたのです。

無償の支援についても、資金援助にあっては、日本赤十字社などを通じた義援金のほか、NPOの活動資金の支援、基金や財団をつくって各種の復興プログラムを支援する例がありました。また、社員ボランティアの派遣、自社のサービスや製品の提供とそれを生かした活動、専門人材の派遣をしている会社もあります。例えば、全国に散らばった避難者の所在を把握する際に、避難元自治体に現住所を届け出ることを呼びかけたポスターを、コンビニエンスストアが全国の店舗に貼ってくれました。食品会社が、仮設住宅団地で料理教室を開いて、栄養の偏りを防ぐとともに、語らいの場をつくって孤立を防止してくれています。

日本経済団体連合会や経済同友会は、傘下企業

にも働きかけ、被災地の産品を購入したり、販売会（被災地応援マルシェと呼ばれています）を開催しています。経済同友会は、「ＩＰＰＯ ＩＰＰＯ ＮＩＰＰＯＮ プロジェクト」という募金活動を行っています。集まったお金は、人づくりや経済活性化に狙いを定め、専門高校（農業、水産、工業など）に実習機材などを提供しています。日本商工会議所は、企業に呼びかけて、中古の機械を被災地の企業に提供してくれました。「遊休機械無償マッチング支援プロジェクト」です。引き続きたくさんの企業が、被災地の中小企業の復興のために、人やノウハウの支援をしています。

企業の復興での貢献は、次のように分類できます。

一つは、事業活動そのもの、本業です。サービスの提供や商品の販売は、被災地の生活になくてはならないものです。そして、事業活動が雇用の場をつくります。町の賑わいには不可欠です。企業が普通どおりに事業をしてくれることで、被災地は生き返ります。今後の被災地での産業となりわいの再生も、企業や事業主にかかっています。

二つ目は、各種の支援です。そこには、自社の製品やノウハウを生かしたものと、本業にかかわらないお金やボランティア活動などの支援があります。また、支援の対象面から、被災地企業の事業再生と、一般的な被災地や被災者への支援とに分けることができます。前者にあってはノウハウの提供や販路拡大支援があり、後者にあっては義援金の提供や職員派遣があります。また、ＮＰＯなど支援団体への資金や人材の支援（被災地から見ると間接支援）もあります（図表４―１）。今回、

図表４−１　企業による支援活動の例

活動分野		活動内容	活動事例	
産業再生	事業再生・雇用拡大	資金提供	気仙沼市のトマト栽培施設の建設支援	三菱商事復興支援財団
			石巻市雄勝町の伝統工芸（硯）の復活支援	東北共益投資基金
		人材・ノウハウ・商品・サービスの提供	企業コンソーシアム等を通じたセミナー実施	花王、電通、キリン
			復興庁「結の場」等を通じたノウハウ提供	LIXIL、NTT東日本、富士通
		設備提供	商工会議所による「遊休機械無償マッチング支援プロジェクト」参加	黒田精工、シチズン
	販路拡大・販路開拓	場の提供、人材・ノウハウの提供	企業マルシェ・販売会開催	JR東日本、NEC、三菱地所
自治体支援		人材派遣、まちづくり	自治体への出向	KDDI
			自治体との協定締結	住友林業
被災者・被災地支援	直接支援	イベント・セミナー等開催	料理教室開催	味の素、キッコーマン、ニチレイ、NTTドコモ
			その他イベント開催	東レ、パナソニック、トヨタ財団
		就労支援	学生向けトレーニングプログラム実施	アクセンチュア
			農業高校への講師派遣・講習会実施	森永乳業
		日常生活支援	社員ボランティア	東芝、積水ハウス、富士通
			奨学金支給	サントリー
	間接支援	資金提供	基金等への寄附	イオン、大和証券、武田薬品工業
		人材・ノウハウの提供	社員派遣によるNPOの業務改善	NTTデータ、損保ジャパン日本興亜

活動事例は、ごく一部しか紹介していません。

それぞれの企業に蓄えられた実績とノウハウは、今後の災害支援のみならず、いろいろな場面で活用されるでしょう。

●——NPOの活躍

次に、ボランティアやNPOです。

阪神淡路大震災の際に、ボランティアが活躍し「ボランティア元年」と呼ばれました。今回も、避難所での手伝いやがれき片付けといった、労働奉仕に大活躍してくれました。しかし今回の特徴は、個人ボランティアだけでなく、NPO（Not-for-Profit Organization：非営利団体）など組織ボランティアの活躍が大きいことです。そして労働奉仕だけでなく、組織的、継続的で技術が必要な活動をしていることです。

例えば、孤立防止のために仮設住宅を見回っていますが、これを行うのは、継続的に活動でき、声かけと話を聞くノウハウがあり、それらに携わる人たちを管理できる団体である必要があります。そのほか、避難所や仮設住宅の環境改善、医療や健康相談、まちづくりの意見集約支援、産業再開支援などにも活躍しています。実例として、相談という分野で貢献している事例をいくつか紹介します。

いろいろな悩みを聞いてもらえる電話相談に、「よりそいホットライン」があります。24時間・

365日、無料でつながり、専門員が相談に乗ってくれます。この事業は、一般社団法人「社会的包摂サポートセンター」が運営し、全国から相談を受けていますが、被災地からの相談を優先してもらっています。2014年度に、被災3県からかかってきた電話は54万件です。相談内容は、自殺・生活・女性というように分かれていて、被災3県では自殺防止回線への電話が28パーセントと、全国の12パーセントに比べ2倍以上になっています。活動に必要な経費は、国費で支援しています。

福島県からは、多くの人が、県外に避難しました。津波被災者が近くの高台に避難したのと違い、原発被災者は情報も少なく、なるべく遠くへと避難した人も多いのです。5年経った時点でも、日本全国に避難しておられます。その方々の質問に答え相談に乗る窓口として、「toiro（トイロ）」（第3章（180ページ））があります。これは、一般社団法人「ふくしま連携復興センター」が運営しています。相談内容は、避難前に住んでいた地域の現在の様子を知りたい、避難先で日常生活の相談に乗ってくれるところを探している、県外避難から福島に戻ったママたちの話を聞きたいなどです。自治体もさまざまな情報を提供しているのですが、すべての相談に乗ることは難しく、また避難者の中には役所に相談することをためらう人もいます。

「レインボーハウス」は、大震災で親を亡くした子どもたちを支援する施設です。民間非営利団体「あしなが育英会」が運営しています。あしなが育英会は交通事故遺児の支援で有名ですが、震災遺児と孤児のケアもしています。仙台市、石巻市、陸前高田市に建物があり、1か月に3日程度、子どもたちが（親も）集まり、職員（お兄さんやお姉さん）が話を聞いたり遊んでくれたりしています。財源は寄附金です。行政でも遺児や孤児には財政支援をし、学校でもカウンセリングをしていますが、親を亡くした心の傷は大きく、また子どもはそれをうまく伝えることができません。学校には登校するけれども、保健室で1日を過ごす子どももいます。この子たちの相手をして話を聞くことは、難しいことです。スタッフは専門訓練を受けています。

これらの例のように、NPOには、専門能力を生かして、行政の手が回らないところを補ってもらっています。

NPOの活動は、次のように分類することができます（図表4―2）。

分野別では、まちづくりでのコミュニティ再建支援、雇用やなりわいでの就労や起業支援、生活支援としては見守り、情報提供、健康管理、こころのケア、子育てや障害者支援などがあります。また、直接支援か間接支援かの区分もできます。直接支援とは、被災地での支援活動で、地域の見守り活動や各種の相談などです。間接支援とは、被災地や被災地で活動する人たちと、支援をしてくれる会社や人とをつなぐ役割です。後者の重要性については、後で述べます（マッチング、コーディネートの重要性、262ページ）。

NPOのほか、町内会や宗教団体などの中間団体（政府と個人の間にある団体、集団）も重要です。新しい町をどうつくるかを住民たちが話し合う際に、隣近所の人たちとのつながりや町内会など

図表4−2　NPO等による支援活動の例

活動分野	活動内容	活動事例	
まちづくり	コミュニティ形成支援	仮設住宅におけるイベントやコミュニティカフェの開催	石巻仮設自治連合推進会、平田公園仮設団地まちづくり協議会
	行政等との協働	行政・住民・企業等によるまちづくりに関する検討の場の設定	いわて、みやぎ、ふくしまの各連携復興センター
雇用・なりわい	就労支援	全国から寄附を受けた着物地等を、女性を中心に手仕事でリメイク等を行い販売	一般社団法人WATALIS
	起業支援	国の交付金等を活用し、起業を目指す人たち向けのゼミ等を開催	石巻復興支援ネットワーク
生活支援	見守り	仮設住宅入居者への見守り・声かけを毎日実施。時には、相談や助言等も行う	一般社団法人パーソナルサポートセンター
	情報発信・提供	被災地外へ避難した人に対する情報誌の発行や相談窓口についての発信等を実施	山形避難者母の会
	健康管理	健康カフェの開催により仮設住宅等の住民の健康状態等を把握し、必要に応じて関係機関等につなぐ	一般社団法人日本プライマリ・ケア連合学会
	こころのケア	県外から帰還した母親を対象としたサロンを開催し、不安や悩みを話す場を提供することで孤立を防止	福島こども支援センター
	子育て支援	震災直後の避難所や仮設住宅等で子どもの居場所づくりやサロンを運営	特定非営利活動法人チャイルドラインみやぎ、災害子ども支援ネットワークみやぎ
	障害者支援	高齢者や障害者など移動が困難な人々に、自宅から役場、病院等への送迎等を実施	NPO法人移動支援Rera
団体支援	中間支援	被災地で活動するNPOや団体等をつなぎ、政策提言等につなげる	いわて、みやぎ、ふくしまの各連携復興センター
	資金提供	市民・住民らによる支援活動に対して資金を提供	公益財団法人地域創造基金さなぶり

活動事例は、ごく一部しか紹介していません。

が重要であることは、先ほど指摘しました。各種の宗教団体が、家族を亡くした人や避難を続けている人の話を聞くことによって、心の安心を支えています。これは、傾聴活動と呼ばれています。誰かに話を聞いてもらうことで安心が得られ、人に話すことで気持ちを整理することができるのです。

(3)　町をつくる3つの要素

町を復興させるために必要な要素を、分類してみます。図表4−3をご覧ください（議論をわかりやすくするために、単純化してあります）。左から右へ、そして上から下へ順に説明します。

施設やインフラは「モノ」です。各種のサービスを提供し、働く場である産業やなりわいは、「機能」としましょう。コミュニティなどのつきあいは、「つながり」です。このような3つの性質の違う要素が、町の暮らし

図表4−3　町の復興に必要な3つの要素

<table>
<tr><th>要素</th><th>性質</th><th>主体</th><th colspan="3">実現と支援の手法</th><th></th></tr>
<tr><td>1. 公共インフラの再建</td><td>モノ</td><td>行政</td><td colspan="2">公費で工事を発注</td><td rowspan="2">【資金】</td><td>従来の取り組み</td></tr>
<tr><td rowspan="2">2. 産業・なりわいの再生</td><td rowspan="2">機能</td><td rowspan="2">企業
事業主</td><td>施設</td><td>補助金
〔グループ補助金〕</td><td rowspan="3">新たな取り組み</td></tr>
<tr><td>売上</td><td>大企業などとのマッチング
〔販路開拓・新製品開発等のノウハウ〕</td><td rowspan="2">【人・ノウハウ】</td></tr>
<tr><td>3. コミュニティの再建</td><td>つながり</td><td>地域住民</td><td colspan="2">地域にかかわる多様な主体（NPOなど）をコーディネート
〔見守り・コミュニティ形成〕</td></tr>
</table>

を支えているのです。(注1)

次に主体の欄を見てください。これら町の要素を再建するのは、誰でしょうか。

道路や上下水道といった公共インフラは、行政が復旧します。住宅は個人が再建しますが、自分で再建できない人のために公営住宅をつくります。高台移転や土地のかさ上げは、行政が行います。インフラであっても、電気、ガス、通信は、民間企業が経営しているので、企業が復旧します。そして、これは、次の産業・なりわいの再生に分類しましょう。

次に、産業・なりわいの再生です。これは、企業や事業主が再建します。そして、コミュニティは、地域住民がつくるものです。

これらの中で、被災企業や住民だけではできないところを、行政、企業、ＮＰＯなどが支援しています。

２　進化する復興

繰り返しになりますが、町を復興するためには、インフラというモノだけでなく、産業となりわいといった機能や、コミュニティといったつながりの再建も必要です。そして、行政だけが復興を担っているのではなく、企業やＮＰＯも復興と町を支えています。それを考慮すると、町の暮らしを復興するために、行政が活動する範囲と手法も変わってきます。そして、民間の力とどう協働するかが課題となります。

(1)　復旧行政の変化

第1章第3講2（74ページ）で整理したように、今回の大震災では、国は避難所での被災者の生活支援に乗り出し、町の復興に際しても公共施設復旧の外にも仕事を広げました。その変化を分析しましょう。

●──行政の守備範囲の広がり

図表4─3の「実現と支援の手法」欄を見てください。公共インフラの復旧は行政が責任を持ち、業者に工事を発注します（国が管理する施設なら国が、県が管理する施設は県が、市町村が管理する施設は市町村が責任を持ちます）。県や市町村に対しては、国が国費で支援します。これは従来から同じです。ただし、今回は単に元に戻すという復旧だけでなく、高台に移転するとか機能を向上させるという復興まで、国費支援の対象としました。また、国の職員や都市再生機構の職員が、技術的な支援に入りました。

一方、産業となりわいの再生は、企業と事業主の責任でした。従来は復旧のための低利融資制度はありましたが、国は復旧のための補助金は支出していませんでした（新技術の普及や生産性向上を支援する補助金はあります）。今回、中小企業が共同で施設や設備を復旧する際に国庫補助金（グループ補助金）で支援したほか、仮設の商店や工場を無償で提供しました。事業再開のために、二重ローン対策も行いました。

ところが、施設や設備が復旧しても、売り上げが戻らない業種もあります。ここまでくると、行政の持っている能力や政策手段では間に合いません。補助金は、当座はしのげますが、補助金で支援している限り自立にはつながりません。そこで、販路開拓や新製品開発などのノウハウを大企業に支援してもらうべく、仲介の場を設営することにしました。また、商店街を復旧させるためにも、国の職員や専門家が助言をしています。

また三つ目のコミュニティ再建は、これまでは国の責任ではありませんでした。所管する省もありません。コミュニティをつくり、そして続けることは、そこに住む住民が行うことだからです。しかし今回の大震災では、仮設住宅での孤立防止や町内会立ち上げ、新しい町や公営住宅でのコミュニティ再建も支援しています。ただし、国が直接その再建支援を実施するのではなく、市町村が行うことを推奨し、ＮＰＯなどの活動を期待し、その経費を国が負担するという形をとっています。

このように、行政による支援範囲が大きく変わり、産業再生やコミュニティ再建にまで広がりました。それに合わせて、行政の手法も、許認可や公共事業、補助金による資金提供だけでなく、人やノウハウの伝授、あるいは仲介の場の設営といった「ソフトな」支援に広がっています。あわせて、企業やNPOの支援を期待し、それらと協働しているのです。

●被災者の生活から考える

被災者の生活再建を家族と地域の助け合いに任せるのではなく、他者が積極的に支援する動きは、阪神・淡路大震災のころから大きくなったようです。避難所での温かい食事の提供や被災者の不安への相談、仮設住宅での孤立防止の見守り、引っ越しの手伝い、新しいコミュニティづくりの支援なども、阪神・淡路大震災から重要だと認識されました。壊滅した町をつくり替える際にも、神戸市役所が地域住民の合意形成に乗り出しました。壊れた住宅の再建は自己責任という考えでしたが、阪神・淡路大震災後に、住宅再建に支援金を支給する制度ができました。

これまでの政府の活動は、住民の生活再建や町の復興という視点から見ると、足らない部分が多かったようです。災害に関しては、国では内閣府に防災担当政策統括官室（局に相当）があり、災害に備える防災と、発災後の災害対策本部運営、災害救助を担当します。単純化すると、応急仮設住宅の建設までです。それ以降の復旧・復興段階は、各省の仕事になります。県や市町村の災害担当部局も同様です。そして、被災者や住民の生活を全体として所管する役所はなく、コミュニティ再建まで考える役所はありませんでした。

ここで、指摘しておきたい点があります。それは、ほとんどの省庁が、生活者からの観点でなく、サービス提供者の観点からできているということです。国土交通省、農林水産省、経済産業省だけでなく、厚生労働省や文部科学省も同様です。それは、明治以来の日本の行政が、社会資本整備と行政サービス充実を使命としてきたからです。それぞれ関係業界はありますが、それらは提供者側です。もちろん、サービスの名宛て人である国民や住民をないがしろにしているわけではないのですが、それはサービスの対象としての目線であり、国民や住民の生活の目線から見ることは少ないのです。この点については、第2講2⑶（294ページ）で述べます。

それぞれの役所が所管行政の枠で考えていることにも、原因があります。各行政機関は、公共インフラや公共施設の復旧に力を入れますが、自らが管理するものに限定されます。公共インフラでも民間鉄道への支援は少なく、公共的施設であっても民間病院などには国の支援は少ないのです。上下水道は公共施設として復旧されますが、各戸の井戸の修復は個人の責任です。

国民の生活を安心できるものにすることが国家の役割なら、この原点に戻って行政の守備範囲を考えるべきでしょう。２００９年に消費者庁が設置されましたが、私は、より広く生活者としての国民・住民を対象とする仕組みが必要であり、例えば国民生活視点の省をつくるべきだと考えています。大震災からの復旧・復興は、このことを考える契機になると思います。

⑵　民間との協働

先ほども触れましたが、これまでの主な行政手法である、公共事業による施設建設やサービスの提供、許認可や補助金による誘導では、産業の再生やコミュニティの再建には効果がありません。産業の再生は、施設をつくっただけでは目的を達したといえず、売り上げが回復し営業が継続してこそ、成功したといえます。コミュニティの再建も、お金や法律で強制しても、できるものではありません。人と人との自発的つながりであり、企業や事業者を含めた住民による継続的な積み重ねが必要です。

主体となる地元の企業や事業者、地域住民をどのように支援し、そして自立してもらうか。他方で、技術や能力を持って、支援をしてくれる企業やＮＰＯもいます。すると、これらの支援者とどのように協働するかが、課題になります。復興庁では、いくつかの手法で、企業やＮＰＯとの連携を試みています。それを紹介します。

●企業との連携

企業との連携の代表例は、支援してくれる企業と支援を求めている企業との橋渡しです。水産加工業は、国の補助金で施設や設備が復旧したのですが、売り上げが回復しません。生産を再開するまでの間に、商店の棚はほかの産地の業者に奪われていたのです。また、いつまでも以前と同じものを売っていては、成長はありません。被災地の中小企業が復興していくのに不足しているのは、新商品開発や付加価値を付けるノウハウと販路開拓であり、後継者や新しいことに挑戦する熱意を持った人材です。

結いの場

行政ができることは、支援を必要とする企業と支援できる企業とを結びつけることです。そこで、被災企業とノウハウや取引の支援をしてくれる大手企業を「お見合い」してもらう、「結いの場」を開催しています。

また、被災地支援をしてくれる企業と被災地を結びつける「被災地支援コーディネイト事業」も行っています。復興庁内に「企業連携班」をつくって、これらの企画を実施しているほか、関係情報を提供する「企業連携メールマガジン」を発行しています。

●——NPOとの連携

政府は発災直後から、ボランティアやNPOとの連携のために、震災ボランティア連携室を設置しました。引き続き復興庁でも「ボランティア・公益的民間連携班」を設置して、連携をとっています。産業に関しては、経済産業省や農林水産省があり、経済3団体などとも接点があります。しかし、NPOとは、行政はふだんからの付き合いは多くはありません。NPOの多くも行政とは縁が少なく、どこでどのようなNPOが何をしているのかすべてを、行政が把握することは困難です。

そこで、被災地支援に詳しいNPOの方に、復興庁の調査員に就任してもらい、ボランティア活動やNPOには何を期待できるか、彼らが円滑に活動するために政府は何をすれば良いのかについて助言をもらっています。そして、行政、NPO、企業、コミュニティが分担協力する「復興支援に向けた多様な担い手のロードマップ」をつくりました。その中では、生活支援、遠隔避難者支援、復興まちづくり、産業再生・就労支援、多様性への配慮という5つの分野で、時間軸を立てて、それぞれの関係者が何をすべきかを提示しています。復興庁のホームページに載せてあります。

また、被災3県では、地域のさまざまなNPOの連携の場である、連携復興センター（175ページ）をつくってもらいました。

復興庁では、復興支援に関するさまざまな事業と予算のうち、NPOが利用できるものを一覧表にして提示しました。特に、被災者の見守りやコミュニティ形成の支援、子どもの健康生活支援については、個別に交付金をつくってきましたが、それらを統合して使いやすい総合交付金にしました。これらを使って、現場ではNPOの活動を期待するとともに、柔軟に支援することができるようになっています。

何度も取り上げている仮設住宅の見守りは、行政とＮＰＯの協力がうまくいった例です。仮設住宅に住んでいる被災者の孤立を防ぐには、見守りや相談が有効です。市町村役場はそこまで手が回らず、ノウハウもありません。支援を申し出てくださるボランティアも多かったのですが、活動するためには、どこにどのような人が住んでいるか、仮設住宅の住民の情報を開示して欲しいとの要望がありました。確かに、それがないと効果的な訪問支援は難しいです。しかし、役場が持っている個人情報をむやみに開示すると、悪用される恐れもあります。住民にも、見知らぬ人が訪問してくることへの、抵抗や心配もあります。

仮設住宅の見守り活動

そこで関係者が知恵を出しました。役場から、能力を持ったＮＰＯなどに見回りを委託し、その契約の中で守秘義務をかけて、業務に必要な個人情報（どこに誰が住んでいるかなど）を提供します。受託したＮＰＯなどは、地域の避難者などを雇って仮設住宅を見回ってもらいます。これなら、住民も安心です。国はその費用を負担しています。これまでにない組み合わせで、効果を生んでいる例です。

住民たちが高台移転の計画をつくる際にも、新しい公営住宅や町に町内会を再建する際にも、ノウハウを持っているNPOが、支援に入っています。

●新しい東北をつくる

被災地は、人口減少、高齢化、産業の空洞化といった、日本各地が抱える課題のいわば先進地です。岩手県沿岸部では大震災以前から、10年間で人口がほぼ一割減少する傾向が続いていました。地域を元に戻すだけでは、過疎化の動きは止まりません。復興を機に、元気な地域をつくることを試みています。これを「新しい東北」と名づけています。

活力ある地域を取り戻すために、これまで各地でさまざまな取り組みがなされました。しかし、成功例は少ないようです。そこで「新しい東北」では、これまでの反省にたって、新しい進め方を試みています。

まず、分野の限定です。地域が賑わいを取り戻すためには、さまざまな要素が考えられますが、基本は働く場である産業と、安心して暮らせるコミュニティです。そのために、産業振興とコミュニティ形成の2つに絞っています。次に主体です。行政だけでは、実のあることはできません。企業やコミュニティなどの役割が重要です。そしてそれらが、自立し継続しなければなりません。不足しているのは、やる気とノウハウです。これは、箱物施設や補助金といった、従来の行政手法では実現できません。行政にできることは、情報と人材の支援やつながりの斡旋です。

「新しい東北」では、民間の人やノウハウを生かして地域の課題に取り組む試み（先導モデル事業）を支援しています。例えば、温泉熱を利用した農業や観光の振興、商品化されていなかった水産物の活用、住民が参加する子どもの遊び場づくり、住民も巻き込んだ地域包括ケアなどに挑戦しています。そして、これらの新しい挑戦に参加してくださる人たちの情報交換の場（官民連携推進協議会）を設営するとともに、専門人材を被災地に送りこんでいます（ワーク・フォー・東北（204ページ））。

詳しくは、復興庁のホームページをご覧ください。

(3) 民間の力をどう活用するか

さて、民間の力をどのように活用するかは、今後、行政にとっても地域にとっても、重要な鍵になります。

●――民間の力はすばらしい

民間が持つ能力と知恵が、すばらしい成果を生んだ事例を紹介します。

「希望の狼煙」事業は、2011年夏に、岡本行夫さん（外交評論家）が提唱し、企業が協力して行われた、漁業の復興支援です。

漁業の町では、魚が揚がることが、一番、元気の出ることです。働く場であり、生き甲斐です。漁師だけでなく、それにつながって、氷屋、運送会社、燃料商、そして飲食店と、たくさんの企業や店が再開でき、産業と町が復活します。当時、各地の漁港の岸壁は順次、応急復旧しつつありました。漁船もいくつか残っていて、他県からの寄附もありました。沿岸の海はがれきが沈んでいるところもありますが、沖合は世界有数の漁場です。しかも数か月間、漁をしていないので、いわば沸くほど魚がいます。ところが、冷凍・冷蔵施設がないと、獲った魚を市場に出荷できないのです。生魚では、販売先が限られます。

冷凍・冷蔵施設を再建するには、かなりの月数がかかります。沈んだ土地をかさ上げし、施設を設計し、工事を発注して……と。そこで考えられたのが、冷凍品を運ぶ冷凍機能付きのコンテナで代用することです。このコンテナは、町ではトレーラーで運ばれ、船にはそのまま積み込まれます。これなら、運んできて電源をつなぐだけです。岡本さんがこのアイディアを考え、関係業界に働きかけてくださいました。船会社がコンテナをたくさん無償で提供してくれ、必要な改造は専門業者が協力してくれました。それに、フォークリフト、事務室の机とパソコン、電話機まで。当時お会いした魚市場の方は、「事務機器まで提供してもらった。事務所ごと流されたので、買いそろえると大変だ。中古でも、機能は何も不自由ない。ありがたい」とおっしゃっていました。

私はこの仕掛けを聞いたときに、目から鱗が落ちました。行政がもっと早く対応すべきなのでしょうが、このアイディアと早さには脱帽でした。このアイディアでつないでもらっている間に、行政は本格復旧を進めました。

また、発災直後に、インターネットで通行可能な道路を表示するという貢献もありました。例えば、自動車メーカーのホンダは、車に搭載されたカーナビゲーションが送ってくる走行情報を処理し、震災翌日には「通行実績情報マップ」を掲示してくれました。車が通っていると表示される道路が通行可能で、表示されない道路は通行不能と推測されるのです。これは、いわゆるビッグデータを活用した例です。県や市町村の職員が、道路の状況を一本ずつ確認していたのでは、大変な労力が必要です。しかも、やるべきことが一杯あって、猫の手も借りたいときです。知恵のある人がおられるものです。

政府が民間企業に協力してもらって、うまくいった事例も上げておきます。第1章で、発災直後に避難所で必要な食料などの物資を、国が調達して被災地に送ったことを紹介しました。その際に、3県の拠点まで送り、そこで各市町村に振り分けして配送します。市町村からは、各避難所に届けてもらいます。ところが、現地の要望に応じて多種多量の物資を送り込んだものの、市町村への振り分けと配送がうまくいかず、中継拠点がパンクしてしまったのです。

担当者が悩んだ末にたどり着いた結論は、専門家に頼もうということでした。公務員や自衛隊員を増員することでなく、ふだんから多品種かつ宛先もばらばらな荷物を、翌日に配送している宅配業者です。彼らに頼んだら、あっという間に滞留品を片付けてくれ、その後も円滑に配送することができました。この経験を踏まえ、次に大きな災害が起きたら、物資の配送は専門業者にお願いすることにしています。

●――認識されていない企業やNPOの能力と役割

企業やNPOは、持っている技術や能力を活用して、さまざまな「社会や地域に役に立つ活動」をしています。それを、行政や地域がどのように活用させてもらうか。これが、これからの課題です。まず、行政や社会一般に、企業の社会貢献能力やNPOの存在と役割について、認識が薄いことが挙げられます。恥をさらしますが、私も初めは、企業やNPOと対等な立場で連携するということが、理解できませんでした。行政にとって、企業は工事の発注先であり、NPOは「篤志家が行っている別の世界の活動である」といった先入観があったのでしょう。ときに使われる「市民活動」という言葉も、行政と対立する印象を与えることがあります。

秋山訓子・朝日新聞記者が、月刊誌『世界』（岩波書店）の連載「内と外から世界を変えていく」2013年3月号に、「被災の現場と政府をつないだ民間登用国家公務員」を書いています。田村太郎さんと藤沢烈さんが行っている、被災現場と市町村や国をつなぐ役割を評価した記事ですが、そこに、私（岡本）が2人を復興庁の調査員（非常勤公務員）に任命する際のやりとりが紹介されています。

岡本氏が田村、藤沢両氏の起用を決めるとき、こう言った。

「あんたら、私に使われてもいいのか。（NPOからすれば）裏切り者かもしれないよ」

「違います。我々が岡本さんを使うんです」二人はそう答えたという。

このやりとりは、私も鮮明に覚えています。この言葉は、私にとって衝撃的でした。いかに私の意識が狭く遅れているかを、わからせてくれた一言でした。行政が上に立って、企業やNPOはその下に位置するのではありません。それぞれが得意分野で、違った手法で社会を支えているのです。

受け入れ側の問題

受け入れ側の市町村役場や住民も、同じだと思います。NPOがそもそもどのような存在か理解が少なく、各NPOが何をしているかわからないのです。ふだんの付き合いがない、一緒に仕事をした経験が少ないので、無理もありませんでした。

これを打破する一つの方法は、NPOなどの活躍と実績を積極的に広報することです（この本も、それを目的の一つにしています）。また、復興庁などが間に入ることです。役所の「紹介」があれば、住民にもある程度は信頼してもらえるでしょう。

役所と企業との付き合いも、案外薄いのです。市町村役場は、工事を発注する相手としては付き合いがあります。しかしその他の企業について、地域の一員として、ふだんからどのような付き合いをしているでしょうか。行政サービスや許認可の対象、あるいは納税者としての付き合いだけではないでしょうか。地域外の企業となれば、さらに疎遠です。

発災直後に来てくれる個人ボランティアの受け入れにも、課題があります。たくさんの人が来てくださるのですが、その人たちをどの現場に送ったら良いか、手配機能が各市町村ではまだ十分ではありません。２０００年代に入って、各市町村の社会福祉協議会にボランティアセンターを設置したので、今回は、ここが受入れの拠点となりました。しかし、どこで誰がどのような支援を求めているかを把握することは難しく、ふだん行っていない事務を災害時に行うことも、困難度を増します。

次のような反省も、紹介しておきましょう。発災直後は斎場も火葬場も壊れていて、仮埋葬を行いました。その際に、お葬式を望む遺族もおられました。「式はできなくても、せめて僧侶によってお経を唱えてほしい」という声もありました。しかし、政教分離の原則によって行政が宗教にかかわることは難しく、それをお手伝いできませんでした。いま考えると、ＮＰＯや宗教団体に仲立ちをお願いし、遺族と宗教者とを引き合わせるという手法に気づいておれば、問題は解決できたでしょう。現場では、臨機応変な対応が行われたところもあったと聞きます。

熱意と技能を持った人を送り込む

産業の再生にしろ、コミュニティ再建にしろ、必要なことは、地元側ではやる気のある人たちと熱意と継続することです。支援する側では、専門能力のある人材とノウハウ、そしてこちらもやはり継続した支援です。なかでも、被災地の役に立とうという気持ちと技術を持った人を送り込むことは重要です。そこで、次のようなことを試みています。

第3章第1講4(4)（204ページ）で紹介した「ワーク・フォー・東北」は、日本財団が行っている、民間の専門人材を被災地に派遣する仕組みです。社会貢献や人材育成を目的として社員を派遣したい企業や、被災地で復興にかかわることを希望する個人を、被災地に紹介します。従事する場所は、市町村役場のほか、第三セクター、観光協会、商工会議所・商工会などです。ボランティアや単純作業でなく、専門職として1年以上働いてもらいます。2015年までに、130人を超える人が派遣されています。

国（総務省）と自治体の仕組みに、「復興支援員」「地域おこし協力隊」があります。これは、民間人が自治体の非常勤職員となって、被災者の見守りや地域おこし活動支援を行うものです。2014年では、約450人の人が活躍しました。

●――マッチング、コーディネートの重要性

支援する際に必要で有用な方法は、支援を受けたい人と支援したい人を結びつけることです。支援したい企業やＮＰＯがいても、どこでそれを提供したらよいのか、誰が何を求めているのかがわからないのです。義援金や支援物資なら、日本赤十字社や被災自治体に贈ればよいのでしょうが、人による支援や企業の得意な能力を生かした支援は、支援を受ける側との引き合わせが必要です。

積水ハウスが行っている新入社員研修を取り上げましょう。毎年５００人を超える新入社員が、被災地で被害の状況について研修を受けた後、仮設住宅の清掃や補修作業、遊び場や花壇づくりをしています。これを実施するために、被災地での要望を取りまとめる現地のＮＰＯと、企業とその現地ＮＰＯとをつなぐもう一つのＮＰＯが間に入っています。２つのＮＰＯが必要なのです。これらＮＰＯには、情報を集める能力と、相手に信用されるだけの実績が必要です。

扱うものが商品の場合は仲買業があり、土地や建物の場合は不動産業、求人と求職の場合にも人材斡旋業があります。しかし、支援の場合は、単なる仲介業とは異なる機能が必要です。

築地市場でも不動産屋でも、売りたい人と買いたい人、貸したい人と借りたい人がいて、双方がその場にやってきます。経済学でいう市場です。参加者と目的はハッキリしています。ところが、支援の仲立ちの場合は、どこで誰が何を望んでいるかがハッキリせず、市場ができないのです。被

災者側にあっては、何を支援してもらったらよいのかがわからない、そして何を支援してもらえるのかがわからない場合が多いのです。企業マッチングの「結いの場」でも、支援してもらった企業からは、「自分では整理できなかった課題をズバッと指摘された。課題解決に向けた話まででき、頭がスッキリした」といった声があります。

復興庁や現場では、この仲介機能を「マッチング」と呼んでいますが、この言葉ではその機能を十分には表していません。マッチングとは、異なった分野の人や会社をつなぐことでしょう。それだけにとどまらず、支援を求めている人に何が課題かを気づかせ、その解決を手助けしてくれる支援者を探してきて、一緒に課題を解決するのです。第2章第1講3(3)（126ページ）で、RCFを例にコーディネートの例を説明しました。単なるお見合いの仲人ではありません。

ブリッジング（橋わたし）という言葉を使う場合もあります。コーディネートという言葉がよいのでしょうか。まだ社会に認識されておらず、またこなれた日本語でもないので、適切な言葉を探しながら、その機能を理解してもらい普及させることが課題です。

3　地域の財産

(1)　強靭な日本社会

大震災を契機に、さまざまな新しい動きが出てきたことを紹介しました。しかし、変わらなかったことも多いのです。この本では、行政、企業、NPOが、被災地と日本を変えつつあると主張していますが、その背景には、安定した日本社会とそれをつくっている国民の意識があります。この安定した社会があるからこそ、多くの人が安心した生活を送ることができ、危機の中でも早期に安心した生活に戻ることができたのです。ここで、震災の前と後で、変わったことと変わらなかったことという観点から、社会の特性と国民の意識にも触れておきます。

●──失った信頼

今回の大震災で失ったものに、科学技術と科学者への信頼があります。原子力発電所の安全神話があっけなく崩れました。

あわせて、政府への信頼が大きく失われました。政府が、原子力発電所を安全だと言い続けてきたこと、そして事故が起きた直後の対応と国民への説明ぶりが、国民の政府への信頼を大きく損ねました。第1章で、福島で会議をした際に、「政府は信用できない」という発言があったことを紹介しました（33ページ）。いま重要な課題として、放射能の体への影響を住民に説明する、いわゆるリスクコミュニケーションがありますが、その現場でも、政府の説明は信用されないことがあります。同様に学者の説明も、信用してもらえない場合があります。

壊れなかった信頼

一方で、壊れなかったものも多く、日本への信頼が高まった面も多いのです。新幹線は高速で走っていたにもかかわらず、脱線することなく、一人の負傷者も出さずに停止しました。福島第一原発以外の原発は、安全に停止しました。女川原発は、福島第一原発より震源地に近かったのです。

技術だけではありません。地域の人間関係や社会システムも壊れませんでした。2万人もの人が死亡または行方不明になった一方で、40万人を超える人は助かりました。日頃からの訓練や、関係者の身を挺しての誘導などのおかげです。

発災直後の被災者の冷静さと助け合いは、世界が賞賛しました。発展途上国だけでなく先進国でも、大災害の際には暴動や略奪が起きています。それが起きない国は珍しいでしょう。外国からの視察団が、最も不思議に思うことです。

カルロス・ゴーン日産社長は、次のように発言しています。

震災の爪痕は大きかったが、回復も早かった。あれほどの被害にもかかわらず、日産の場合は9月末には再びフル生産できるまでになった。今回の復興を見て、なぜ日本が世界3位の経済大国なのか、私個人も納得できた気がする。人々は規律を守り、コミュニティー（共同体）のた

めに献身的に努力する。お世辞ではなく、日本のパワーを世界に示したと思う。（日本経済新聞、2011年12月23日）

社会の日常生活と行政の仕組みは、いくつか混乱を生みつつも、機能し続けました。日本は、成熟した強靱な社会、すなわち人間関係と社会のシステム、日常生活と行政の仕組みを持っているのです。これは、世界に誇れることです。

●見えた国民の意識

全国から多くの義援金や物資が贈られました。たくさんの人がボランティア活動に参加しました。日本全国各地で、避難者を温かく受け入れてもらいました。ありがたいことです。

他方で、放射能汚染とは関係ない松の材の受け入れや、放射線量の低いがれきの処理が拒否される場合がありました。発災から5年が経っても、原発事故の風評被害は続いています。福島県産の野菜は他県産より安く、旅行客も以前の水準に戻っていません。支援とともに排除もあります。

この強靱な社会と規律正しく温かく親切な国民性を、大切にして広げていかなければなりません。他方で、風評に基づく排除の意識などは、改めていかなければなりません。

⑵ 社会的共通資本

社会の強靱さに話が及んだところで、さらに視野を広げて、地域の財産とは何かを考えてみましょう。私たちが暮らしていく上で必要となる要素です。「地域の財産」といわれて、あなたは何を思い浮かべますか。山や川、大きな企業や立派な公共施設などでしょうか。しかし、津波が流し去ったものを見た際に、そのような目に見える財産だけでなく、地域のつながりといった目に見えない、重要な財産がありました。ある人の財産といった場合に、その人が持っている不動産と預金だけでなく、身につけている技能や友人などを含めて財産ということがあります。それと同様に「財産」を広く考えると、地域には次のような財産があります。(注2)

まず、郷土の山や川、きれいな水や空気といった自然環境です。ふるさとの風景も入れましょう。次に、道路などのインフラストラクチャーがあります。社会資本と呼ばれます。そして、地域の産業もあります。工場や商店であり、富を生むとともに、買い物の場であり、雇用の場です。都市の賑わいも財産です。ここまでは、目に見えるモノです。

さらに、各種のサービスがあります。鉄道、病院、学校、電力、通信、銀行、上下水道などです。これらは、建物や設備が財産というより、それを使って行われるサービス機能が財産です。水道は蛇口があれば水が出るものではありません。その背後に膨大な仕組み、すなわち取水、濾過、殺菌、配水、料金徴収があります。施設設備だけでなく、それを動かす人とノウハウが必要なのです。銀行の現金自動預払機、携帯電話なども同じです。医療、介護、保育、教育、警察、消防なども、施設の後ろに大きな仕組み（システム）があり、私たちはそれを理解して利用しています。これらは「制度」（制度資本）と呼びましょう。

私たちは、社会資本という言葉をよく使いますが、地域の財産という観点から見ると、それらは限られたものです。故宇沢弘文・東京大学教授は、社会的共通資本という概念を提唱しておられました。(注3)それは、私的資本に対立する概念で、人々が社会生活を営むために必要な社会的装置です。社会全体の共通財産であり、市場経済が円滑に機能するための制度的条件であるとも指摘しておられます。そこには、自然環境、社会的インフラストラクチャー（社会資本）、制度資本（教育、医療、金融、行政などの制度）の3つが含まれます。制度資本は、いま述べた制度と共通しています。

地域の財産には、さらに、目に見えないものがあります。

ソーシャル・キャピタル（Social capital）「社会関係資本」という概念があります。(注4)社会の信頼やつながり、ネットワークが、経済、地域の安定、個人の健康や教育、政府の効率に良い影響をもたらすというのです。

ロバート・パットナムは、『孤独なボウリング』でコミュニティの崩壊が幸福な暮らしと民主主義に悪影響を与えていることを指摘し、『哲学する民主主義』でイタリアの北部と南部で統治に格差があるのはソーシャル・キャピタルの蓄積に違いがあるからだと指摘しました。(注5)フランシス・フクヤマは、自由主義的な政治と経済制度の活力は、政府の計画によって達成されるのではなく、健全でダイナミックな市民社会の存在にかかっていると指摘しています。そして、市民社会の繁栄は、人々の習慣や倫理によって決まり、その国の社会に備わる信頼の水準によって決まると述べています。(注6) ニーアル・ファーガソンは、『劣化国家』で、民主主義、資本主義、法の支配、市民社会の４つが、西洋文明を支えてきたが、その劣化が西洋の衰退を招いていると主張します。政治、経済、法と並んで市民社会を挙げ、ソーシャル・キャピタルの衰退が西洋の活力を失わせているというのです。(注7)

山岸俊男・北海道大学名誉教授も、信頼なくしては社会関係や経済関係など人間関係の効率は著しく阻害されることを示しておられます。信頼はその人の私有財であるとともに、社会を住みやすい場所にしてくれる公共財であると説いておられます。(注8)

つまり、信頼は、個人にとってはヒューマン・キャピタル（人的資本）であり、社会にとってはソーシャル・キャピタル（社会関係資本）です。近所付き合い、友人、趣味の同好会など、個人が持っている他人とのつながりが、助け合いや犯罪率の低さなど地域の財産になります。ソーシャル・キャピタルは、そのまま訳すと社会資本ですが、日本語として社会資本はすでにインフラストラクチャーを指す言葉として定着しているので、社会関係資本と訳されています。

さらに、フランスの社会学者ピエール・ブルデューは、文化資本を指摘します。(注9) それは、個人または集団が社会活動の場（社交、職業、学校など）において持っている、文化的有利さの大小を指します。家族などの環境の中で共有され身につける、知識、習慣、ものの見方、振る舞い方です。これを地域の財産に当てはめると、社会に共有されているものの見方、気風、お国柄がそれに当てはまります。勤勉を尊ぶ気風、教育熱心なお国柄、スポーツの盛んな土地柄は、地域の財産です。

先に述べた社会関係資本と重なる部分がありますが、社会関係資本は他人との信頼関係とそれをつくる能力に着目し、文化資本は信頼関係も含め文化、ものの見方、人生の生き様を含んだ広い概念です。民主主義や市場経済は、憲法や証券取引所をつくっただけでは、うまく機能しません。法を守る精神、民主主義を支える意思、契約を守る習慣、起業家精神などによって支えられているのです。

ダロン・アセモグルとジェイムズ・ロビンソンは、『国家はなぜ衰退するのか』で、貧しい国と豊かな国の経済発展の違いは、政治経済の制度によると主張します。アメリカとメキシコの国境に接する2つの市や韓国と北朝鮮が隣り合っていながら、なぜ経済発展に大きな違いがあるのか。イギリス、アメリカ、日本などが経済発展に成功しながら、それまで栄えたスペイン、中南米、中国がなぜ取り残されたのか。経済を発展させるのは、私有財産制度や自由主義市場経済であり、それを保障する民主主義が必要なのだというのです。それら制度が組み込まれた社会が、発展するのだと主張します。(注10)しかし、彼らが指摘する制度とともに、それを成り立たせる国民の意思や文化が必要です。民主主義を支える意識や他人を信頼する関係など（社会関係資本と文化資本）は、民主主義や市場経済を支える重要な要素です。

これらを整理すると、地域の財産は次のように分類することができます。

○自然資本：自然環境。山や川、きれいな水や空気、緑
○施設資本：いわゆる社会資本。公共施設、インフラストラクチャー
○産業資本：産業。企業、工場、商店など
○制度資本：各種サービスの提供。教育、医療、電力、通信、銀行など
○社会関係資本：信頼などの人間関係。近所付き合い、助け合い
○文化資本：気風。風紀、教育の熱心さ、お国柄

このように、地域の財産には、モノだけでなく制度や文化もあります。安心できる暮らしをつくるためには、これらが必要なのです。これらをまとめて、「社会的共通資本」と呼びましょう。

これまで行政の役割を議論する際に、社会資本や公共財という言葉がよく使われました。しかし、それはここでいう自然資本、施設資本、制度資本までであり、狭かったのです。地域に活力をもたらし住民の暮らしを安心できるものとするためには、その他に関係、文化といった地域の財産を充実する必要があります。私たちが力を入れなければならないのは、このように広がった社会的共通資本です。

第2講　公と行政の変化

第1講で述べたように、大震災は、住民と行政だけでなく、企業やNPO、コミュニティなども町を支えていることを再確認させてくれました。つくるべき社会資本は、インフラストラクチャーだけでなく、関係や文化を含んだ社会的共通資本に広がりました。私たちがそこで暮らしている「社会」の見え方が変わってきました。このことが、行政の役割の変化をも生み出したのです。

そして、これまでに述べた復興の範囲と担い手の変化は、それだけで独自に起きているのではありません。それらは、公共の概念と行政の役割の、歴史的な変化の中で起きているのです。第2講では視野を広げ、公共と行政の変化を論じます。

1　社会を支える3つのシステム

近代国家においては、社会は、公（おおやけ）と私（わたくし）に二分され、国家と社会が対置されました。公とは政府であり、政府が公共を独占するとともに、それに伴う責任を引き受けました。公共サービスは、政府が提供するものと考えられていました。それ以外のことは私の問題であり、個人、家庭、会社、世間などに委ねられました。

しかし、世の中がそのようにすっきりと二分されて、できているわけではありません。その時代時代に国民が考える「政府と社会と個人のあり方」によって、政府の役割が規定されます。つまりは、国民の国家観や社会観の変化が、政府の役割を変えていくのです。その大まかな変化を追ってみましょう。

(1) 公私二元論の限界──近代社会観の変化

近代立憲主義は、個人の自由を尊重することが基点です。19世紀西欧近代国家が前提としたのは、自立した市民からなる市民社会でした。人は平等であり、個人が自ら判断して自己責任で行動する。市場は、各人が自由に行動する場合がもっとも効率的である。国家は、最低限のルールと安全を提供し、社会や市場には介入すべきではないという考え方です。社会に対しては自由放任（レッセ・フェール）の、安上がりの政府（チープ・ガバメント）が良いとされました。

●──自立できない庶民の発見

しかし現実には、国民が必要とするサービスのすべてを、市場が提供するわけではありません。また、庶民みんなに行きわたるように、安価な価格で提供されるわけではありません。そこで、水道や初等教育など、生活に必要であっても市場で提供されないサービスや、市場より安価で提供されるべきサービスを提供することが、政府の責任になりました。ここに、市場像が転換します。

また、国民みんなが、自立できるわけではありません。子どもや高齢者、障害を持った人がいます。健康で働ける人であっても、失業している人がいます。ときには病気になったり、事故に巻き込まれたりすることもあります。そこで、経済的に自立できない人を支援することが、政府の責任になりました。国家像は、安上がりの政府からサービス国家へ、消極国家から積極国家に変化します。人間像にも変化が起きます。社会的弱者の発見です。

そして市民間の取引にも、政府は介入するようになりました。労働者は一人ひとりでは企業とは対等でなく、また消費者は企業と対等の立場で商品を買うことができるわけではありません。市民は、しばしば弱者になります。その場合は契約の自由を制限し、弱い立場にある労働者や消費者を保護することが、政府の役割になりました。

こうして19世紀には、資本家に対し弱い「労働者」を発見し、労働法制をつくりました。20世紀には、子どもや病人など「経済的な自立に苦しむ人」や要介護高齢者など「日常生活での自立に苦しむ人」を発見し、社会保障を充実しました。また「消費者」を発見し、消費者保護を進めました。最近では「社会的な自立に苦しむ人」を発見し、対策を始めています。行政の発展は、弱者を発見してきた歴史です。さらに、経済そのものに、介入するようにもなりました。市場は自由にしておいては不況と富の偏在が起こり、国民の幸せを達成しないのです。そこで、景気変動の調整や再分配が、政府の責任になりました。

20世紀の2つの世界大戦を経て、国家は、生存権の保障、所得の再分配、景気変動の調節を責務として引き受け、個人の生活や市場経済に積極的に介入するようになりました。これは、サービス国家から福祉国家への変化と位置づけられます。(注11) こうして、自立した市民、自由な市場経済という考えは、修正を加えられました。自己責任と自由な取引の範囲が狭まり、政府の責任の範囲が広がりました。すると、公的政府と私的社会の二分論では、対応できません。

●――2つの公私二元論を超えて

この点に関連して、フランシス・オルセンの主張を紹介しましょう。(注12) 彼女は、いま述べた国家と市民社会を対置させる公私二元論とともに、市場と家庭を対置させる公私二元論を論じます。そしてそれぞれが、特定のイデオロギーに基づいていると主張します。

すなわち、近代市民社会では、国家と市民社会を区別する二元論が誕生しました。国家が公であり、市民社会が私です。前述の通り、国家は、私的領域である市民社会に介入しないことがよいとされました。特に経済活動である市場経済に介入しないのです。2つの二元論では、さらにその市民社会は、市場という公と、家庭という私に区分されます。市場（世間）と家庭を区分する二元論です。国家は、私的領域である家庭には立ち入ってはならないものとされました。しかし、その後の歴史は、国家が市場にも家庭にも介入する方向に進みました。

市場は、平等で自立した個人の自由活動に委ねるのがよいとするのが、自由市場観念です。しかし現実には、富める資本家と労働者の不平等があり、この論理はその不平等を固定化し、隠す論理であると認識されるようになったのです。契約の自由は、資本家に有利に、労働者に不利な結果を導きます。実際は、自由でも平等でもないのです。それが認識されて、労働者保護法制が制定されました。

他方、市場と家庭を区分する公私二元論は、公の世間に対して、家庭はプライバシーの城であるという対比だけでなく、次のような価値の対比を含んでいます。すなわち、取引と競争原理が支配する市場に対し、愛情と利他主義で成り立つ家族は、心の安らぐ場であるという観念です。しかしこれも、現実には夫が妻を抑圧し暴力をふるうことがあり、それを隠蔽する論理であると批判されるようになりました。家庭内の秩序を家族に委ねると、暴力的な夫は妻を傷つけるなど、愛情で成り立っていない場合があるのです。それが認識されて、家庭内暴力を規制するなど、妻や家庭内の弱者の立場を保護する法律ができました。

このように、公私二元論のイデオロギー性が批判され、国家による介入が正当化されました。市場では個人主義が後退し、家庭では個人主義が促進されました。

(2) 官・共・私三元論

では、公私二元論は、どのように変わるのでしょうか。そこでは、公私の区分が曖昧になるだけでなく、政府と企業のほかに、非営利活動と中間集団が再発見されます。

官民の区分が曖昧に

政府の仕事が広がる歴史の中で、20世紀後期になって、今度は政府の効率の悪さが批判されるようになりました。「政府の失敗」です。１９８０年代には、新自由主義的改革によって、小さな政府が目指されました。公共サービス提供に民間の力を活用することが試みられ、民営化や民間委託が広がり、市場経済での競争の思想が導入されました。「小さな政府論」「ニュー・パブリック・マネージメント（ＮＰＭ）」です。

ゴミ収集の民間委託、国鉄や電電公社の民営化などが進みました。その結果として、民間が行うことになっても業務の内容に変わりはありません。利用者へのサービスは良くなったと評価されています。さらに、駐車違反取締（放置車両の確認事務）や刑務所の建設と運営までもが民間に委託されています。このように、政府や自治体が行っている事業で民営化や民間委託が進むことで、官と民との区分が曖昧になりました。

そのような視点で見ると、人の命を扱う病院の多くが私立であり、公教育を担う学校にも私立はたくさんあります。電気、ガス、通信など、日常生活になくてはならないものも、企業が提供しています。

公共サービスと商業サービスの区分は、もはや公私二分論で説明する必要はなくなりました。受益者である住民から見ると、どれも必要なサービスです。誰が提供してくれるかより、安心できるサービスを安く提供してもらえることが重要です。他方で、政府でなければできないことは何なのかが、問われることになります。

●民間非営利活動の再発見

サービス提供で政府と企業との境が曖昧になるとともに、もう一つのサービス提供主体として、民間非営利活動が認識されました。

近代の経済思想では、企業が商品や商業サービスを提供し、政府が公共サービスを提供します。しかし、企業と政府だけがサービスを提供するのではなく、非営利活動もさまざまなサービスを提供し社会に貢献してきました。福祉、青少年育成、文化芸術、スポーツ、環境などの分野です。地域のスポーツ団体、少年団、お祭り、町内会、消防団など、私たちの身近なところにいくつもあります。民間病院の医療法人や私立学校の学校法人なども、民間非営利団体です。

介護保険サービスは象徴的です。２０００年に介護保険が導入されるまでは、介護サービスは、行政が提供するものでした（さらにそれ以前は、家庭の中で行われるものと認識されていました）。新しい介護保険制度では、制度の運営や要介護度の認定は自治体が行いますが、サービス提供は企業もＮＰＯも可能になりました。

サービスの提供主体として、政府と企業のほかに、第３番目に民間非営利活動が認識されました。ところで、ここまでの議論でも、ボランティア活動と民間非営利活動とを、厳密に区分せずに述べてきました。しかし、ボランティア活動と民間非営利活動とは、同じ概念ではありません。ボランティア活動は、無償の公益的な活動です。活動する人は無償で奉仕し、サービスを受ける人も無料で受けると考えてられています。これに対し、民間非営利活動という概念は、営利を目的としない民間活動であり、公益（社会の利益）や共益（参加者の利益）を目指します。自発的であるという点ではボランティア活動と共通しますが、働く人も正当な報酬を受け取り、サービスも有料で提供することもあります。利益を求めることも可能です。ただし、その利益を分配しません。利益を分配すると、それは企業になります。民間非営利活動の利益は、分配せずに事業の実施に充てられます。

ＮＰＯという言葉は、民間非営利活動とほぼ同等に使われています。ところで、民間非営利活動という言葉は字数が多く、ＮＰＯは英語の略語でしかありません。国民に広く認識してもらい、親しんでもらうためには、良い日本語の名前を考える必要があるでしょう。

中間集団の再発見

民間非営利活動とともに、中間集団（中間団体）も再発見されました。もう一度、近代の政治思想に立ち戻れば、市民は自立し、市場と国家と立ち向かいます。その間に、介在物はありません。憲法では主体として政府と国民があり、経済学では個人と政府と企業が主体として扱われます。

しかし、人はいろいろな集団に所属することで、他者とつながりを持ち、安心や生きがいを得ます。ばらばらな個人、政府と直接向き合う個人ではなく、いろいろな中間集団に属して助け合っているのです。町内会、趣味やスポーツの同好会、宗教団体などです。団体とはいえなくても、ママ友や同窓会などの知人や友人との付き合いも、安心を与えてくれ人生を豊かにしてくれます。企業も、生きがいと安心を従業員に提供していて、このような機能は「社縁」「疑似ムラ」と呼ばれました。政党や政治団体も、個人と政府をつなぐ中間集団です。

それらは、サービスを提供しているというより、参加者に生きがいと安心を提供しています。参加者が共鳴するその団体の目的に向かって行動するとともに、参加することの満足感、集団への帰属意識、そして同僚や友人たちとの信頼を与えてくれます。

民間非営利団体や中間集団が法的に認められたのは、そんなに古いことではありません。かつては、法人格を認められていたのは、営利を目的とした会社のほか、非営利の団体制度として各種の根拠法に基づいて、社会福祉法人、学校法人、宗教法人などがありました。それ以外の一般的な団体は、民法に基づいて主務官庁の許可を得なければ、法人になれませんでした。それらは公益法人（公益財団、公益社団）と呼ばれました。ここにも、公は政府が独占する、あるいは許可するという思想がありました。

許可制をとらない特定非営利活動法人（ＮＰＯ法人）が認められたのは、１９９８年です。次いで２００８年に、公益法人制度改革が行われました。従来の公益法人の許可制度を廃止し、法律で定められた基準を満たせば登記によって設立できるようになりました（一般社団法人と一般財団法人）。税の優遇を受けたいときには、国や県の認定が必要です（公益社団法人と公益財団法人）。なお過渡的に、中間法人という制度がありましたが（２００１年から）、その後、一般社団法人に吸収されました。

「公益法人制度改革に関する有識者会議」は、改革の意義について次のように謳っています。

我が国では、個人の価値観や社会のニーズが多様化し、地域を基盤としたコミュニティの機能向上が求められる中、阪神・淡路大震災等を契機に、民間非営利活動に対する関心が高まり、個人として、自ら社会の構築に参加し、自発的に活動していこうとする傾向が見られる。

民間非営利活動は、多様な価値観の下、個人が、そのライフスタイルに応じ、民間非営利団体等の多様な幅広い活動に主体的に参加することを通じて、自己実現を図る機会を提供するものであり、これを促進することは、少子高齢社会を迎えている我が国の社会を活性化する観点からも有意義である。

また、政府や市場だけではさまざまな社会のニーズへの対応が困難な時代となりつつあり、21世紀の我が国社会・経済システムにおいては、個人や法人の自由で自発的な活動に根差す民間非営利部門が、政府部門や企業を中心とする民間営利部門と相互に自立と協働の関係を維持しつつ、機動的な対応が構造的に難しい政府部門や、採算性が求められる民間営利部門では十分に対応できない活動領域を担っていくことが期待される。その際、特に民間非営利部門による公益的活動が果たす役割とその発展は極めて重要である。（報告書、２００４年11月19日）

●──３つのシステム、３つの主体

こうしてみると、社会は公私の２つに区分されるのではなく、大まかに３つの部門からなっているとみるのが適切でしょう。(注13) それは、政府部門（行政）と、市場経済部門（企業）と、民間非営利部門（ＮＰＯやボランティア活動、コミュニティなど）です。官が公益を担い民が私益を追求するという二元論から、政府（官）と企業（私）と非営利活動（共）が、公共の課題を分担するという三元論への転換です。

図表4－4に、3つの部門の特徴を並べました。「官」である政府と自治体は、政治と行政の分野で公益を担います。「共」である中間団体やNPO、ボランティア活動は、非営利活動で公益や共益を目指します。「私」は企業であり、市場経済で利益を求め活動します。これらは各種のサービスを提供する主体であり、また社会を構成しているシステム・場でもあります。また、公私二元論は社会を2つの領域に峻別する考え方でしたが、官共私三元論は3つのシステムと主体による、社会（公共空間）の役割分担と協働の考え方です。

神野直彦・東京大学名誉教授は、社会の人間関係を、共同体的人間関係（地縁、血縁、友情など）、強制的人間関係（支配・被支配）、市場社会の3つに分類し、それぞれを、社会システム、政治システム、経済システムと呼びます。そして人間の生存を保障するために、この3つのサブシステムの統合が必要であると主張されます。（注14）

図表4－4　公私二元論から官共私三元論へ

公私二元論

	公	私
主体	政府・自治体	企業・個人
場	政治・行政	市場経済 市民社会
目的	公益	私益

官共私三元論

	公		私
	官	共	
主体	政府 自治体	コミュニティ・ NPO等	企業 事業者
場	政治・ 行政	社会	市場 経済
目的	公益 非営利	公益・共益 非営利	営利
財源	税等	寄附・ 売上げ等	売上げ

国家観の転換

さらに視野を広げると、ここには、近代ドイツ国家学からアメリカ社会学への、国家観の転換があります。ドイツ国家学では、社会は弱肉強食なので、中立公正な国家が秩序をつくります。民（社会）と官（国家）は、峻別されます。一方、アメリカ社会学では、人が集まって会社をつくり、人が集まって自治体をつくります。そして政府もつくります。行政機構も会社と同じく、住民の目的のためにつくった組織です。官と民との間には、垣根はありません(注15)。

ここには、もう一つの考え方の変化があります。それは、「彼らの政府」か「私たちの政府」か、という違いです。政府に対し国民や社会を対置する思想では、政府は私たち国民のものではなくなります。政府は国民に税金などの義務を課し、サービスを提供してくれる他者となってしまうのです。中間団体やボランティア活動は、私たちが参加してつくるものです。公私二元論は国民と政府を対峙させますが、官共私三元論は国民が社会をつくる参加者になります。

これは近年、ガバナンスという言葉がよく使われることにもつながります。政治学が使うガバメントは、国家による統治です。政府と国民が対峙します。それに対してガバナンスは、政府に限らず、企業やＮＰＯなどのさまざまな組織の管理に使われます。それは、制度ではなく、参加者による良い管理と運用を評価するものです。さらに、国際社会や市場のように、複数の参加者はいても、組織とはいえない「場」の運用にも用いられます。ガバメントに比べ、対象においてはるかに広く、視角も違っています。

2　行政の変化

ここまでの議論を踏まえて、行政に求められている変化を考えてみましょう。

まず、課題と目的の変化です。かつての日本国民と国家の目標は、豊かさと快適な暮らしでした。そのために政府は、明治以来、欧米先進国をお手本に、産業振興と公共サービス（教育、衛生、福祉、社会資本など）の拡充に、力を入れてきました。そして、日本社会と日本の行政はそれに成功し、経済的豊かさにおいても公共サービスにおいても、世界のトップクラスになりました。しかも、全国津々浦々まで行き渡らせることができたのです。しかし目標を達成したことで、行政の役割変更が迫られます。(注16) そして、地域で安心して生活するためには、インフラと産業だけでなく、さまざまな社会的共通資本が必要でした（267ページ）。

他方で、社会は官・共・私の3つの分野から成り立っています。行政だけが公を独占するのではなくなりました。公共サービスは行政だけが提供するものではありません。すると、それら三者の役割分担をどうするのかが課題となります。

私はこれらを総合して、「サービス提供国家から安心保障国家へ」の変化と考えています。(注17)

(1) サービスから安心へ——対象の変化

●——新しい不安

世界最高水準の豊かさと公共サービスという目標を達成したら、別の課題が見えてきました。その一つは「弱者」の存在です。「一億総中流」と言われたように、豊かで平等な社会を達成したと考えていたら、その陰で「落ちこぼれている人」がいたのです。格差と貧困、非正規雇用、ニート、いじめ、不登校、引きこもり、虐待、孤独死などが、新しい社会の課題として認識されました。

学校や会社という組織から外れると、日本は意外と冷たい社会でした。生活者や弱者は、社会保障制度を除けば、行政の対象外だったのです。そして従来の社会保障制度に乗らない人たちは、相手にしてもらえません。例えば、高校を中退した少年は、そこで行政とのつながりが切れます。どの役所も相手にしてくれず、相談する先もわからないのです。問題を引き起こして警察と接点を持つ場合があるかもしれませんが、それは全く異質のものです(注18)。

もう一つの課題は、リスクへの不安です。国民は、現在の社会をリスクに満ちた社会だと考え不安を感じます。私たちは、飢え、貧困、不衛生といったリスクを克服しました。失業、多くの病気、未就学、介護してもらえないといったリスクも克服しました。さらに自由と平等を達成し、個人は社会のいろいろな束縛（伝統、イエ、ムラ、組織、宗教など）からも自由になりました。私たちは、豊かで快適で自由な暮らしを手に入れました。

しかし多くのリスクを克服し、昔に比べはるかに安全になったことで、私たちは逆にリスクに対し敏感になりました。食中毒や犯罪件数は減っているのですが、これまでより大きな社会問題になり、不安を感じるのです。また、自由になったことから、孤独な生活や社会関係をうまくつくれないという新しいリスクが、課題になりました。

ここで、私たちが直面しているリスクについて概観しておきましょう(注19)（図表4－5）。

古典的なリスクとして、身体・生命・財産へのリスクがあります。武力やテロ、自然災害、事故、犯罪は、暴力的な被害をもたらします。環境問題や健康問題は、健康被害をもたらします。これらは昔からあったリスクであり、かなりの部分を克服し対策も充実しました。しかし、新しい原因（新しい化学物質での環境汚染、新しい病原菌による伝染病）や手段の発達（インターネットによるサイバーテロ、情報流出、人の高速長距離移動によるパンデミック）によって、新しいリスクが生まれ、あるいは被害に遭う可能性が高まったのです。テロ、大地震と津波、ゲリラ豪雨、原発事故は、近年続発し再認識されたリスクです。

「経済社会活動の混乱」は、経済社会活動が進展したことと、それを支える技術が発達したことによって、新しく出てきたリスクです。コンピュータのシステムに障害が生じると、金融取引が止まったり、電車が動かなくなったりします。金融危機は、世界経済を同時不況においこみました。これは何かが暴力的に壊されるというより、ネットワークが故障することで、平常な経済社会活動

図表4−5　近年の社会のリスクの分類

<table>
<tr><th></th><th>リスク</th><th colspan="2">主な被害の形態</th></tr>
<tr><td>武力・テロ</td><td>拉致
武力攻撃、戦争
テロ、海賊</td><td rowspan="4">暴力的被害</td><td rowspan="6">身体・生命・
財産へのリスク</td></tr>
<tr><td>自然災害</td><td>地震、津波
火山噴火
風水害、雪害、土砂災害</td></tr>
<tr><td>事故</td><td>火災
交通事故、大規模な工場事故、
交通機関事故
原子力事故
食品問題、製品事故
医療事故</td></tr>
<tr><td>犯罪など</td><td>犯罪被害、治安の悪化
ハイテク犯罪
ストーカー行為
迷惑行為
情報流出</td></tr>
<tr><td>環境問題</td><td>公害、廃棄物、有害物質
事故による汚染
地球温暖化</td><td rowspan="2">健康被害
気候変動</td></tr>
<tr><td>健康問題</td><td>病気
パンデミック
薬害
老後の不安（寝たきり、認知症）</td></tr>
<tr><td>経済社会活動の
混乱</td><td>ライフラインや交通機関の途絶、
エネルギー供給の停止
コンピューターシステム障害
大恐慌、金融危機
限界集落</td><td colspan="2">経済社会システムへのリスク</td></tr>
<tr><td>社会生活問題</td><td>いじめ、不登校、学級崩壊
引きこもり、ニート、うつ病
幼児虐待、老人虐待、家庭内暴力、
離婚、孤独死
パワハラ、セクハラ
自殺</td><td colspan="2" rowspan="2">人間関係
（他者との関係、
社会とのつながり）
へのリスク</td></tr>
<tr><td>経済問題</td><td>失業、貧困、格差</td></tr>
</table>

ができなくなるというものです。

さらに、いじめ、引きこもり、虐待、家庭内暴力、自殺、孤独死などの「社会生活問題」は、新しく認識されたリスクです。これらの多くは程度の差はありますが、昔からありました。しかし、それらは個人の問題や家庭の問題であって、社会の問題とは考えられていなかったのです。これらの多くは、他者との人間関係、社会とのつながりをうまくつくることができないことから生じます。人間関係、社会生活の自立のリスクです。

「経済問題」は、経済成長によって、一度はほぼ克服したと思われていたのですが、格差や非正規雇用、子どもの貧困などが顕在化したものです。

個人の自立という観点から、もう一度、このリスクの変化を見てみましょう。まず、「経済的自立」の支援があります。失業や病気あるいは障害や高齢で十分に働けない人、所得の少ない人に対して、雇用保険、健康保険、社会福祉、年金保険、さらには生活保護で支援します。次に、支援は「日常生活の自立」に広がりました。心身の障害や高齢で日常生活を一人で送ることができない人に対して、介護や介助による支援をするようになりました。そしてさらに、「社会生活の自立」支援が課題になっています。新しい形のリスクである社会生活問題は、社会とのつながりをつくることができないリスクです。安心には、生存や豊かな暮らしだけでなく、人とのつながりもあります。被災地の仮設住宅での暮らしは、この問題を顕在化させたのです。

　若者の引きこもり、ニート、うつ病などは、豊かな社会の問題とも指摘されます。貧しい社会が豊かさを求めて成長している時代には、これらは目立たず、また希望の中に消されていました。貧困や病気といった大きなリスクを克服し、他方で家庭や地域社会の互助機能が低下したことで、これらのリスクが顕在化したのです。これらは、これまでの福祉行政では対応できません。福祉を超えた安心が、求められるようになったのです。

　日本社会は「成長の時代」を過ぎ、「成熟の時代」に入りました。国民の関心は、経済成長から安心へと移ったのです。日本社会にとって新しい課題の一つは、ここで取り上げている安心です。日本社会のもう一つの課題は、活力でしょう。世界第2位の経済大国であったのもつかの間で、アジア各国の経済成長によって日本の一人勝ちは終わり、追いつき追い越される対象となりました。それは、長引く不況とデフレ経済を生み、各地での産業の空洞化を引き起こしています。これは日本全体の課題ですが、地方では特に顕著に表れています。

●——福祉国家から安心国家へ

　これら新しい課題を踏まえると、政府の任務の対象は、各種のサービスから安心へと変わります。

　先に1(1)（273ページ）で述べたように、西欧近代国家は、安上がりの政府から出発しましたが、都市化や産業化による社会問題が発生し、19世紀後半に社会問題に取り組む積極国家、サービス国家に転換しました。さらに生存権を保障することが国家の責任となり、20世紀半ばには福祉国家と呼ばれるようになりました。

福祉国家は、次に「安心国家」に変化しつつあると、私は考えています。教育、衛生、公共インフラ、福祉など、国民の要望をひととおり充実させたら、違った不安と不満が見えてきたのです。それは先ほど述べたように、古典的なリスクが進化したり再発見されたりしたものや、新しく出てきたリスクです。すると政府の主たる任務が、サービスの提供から、安心の提供へと変化しているのです。

もちろん、福祉などこれまでのサービスが、必要なくなるのではありません。福祉は安心の大きな要素です。しかし、従来の福祉だけでは、十分な安心を保障できないのです。安心国家では、福祉を含めて安心の範囲を広げるということです。

(2)　提供から保障へ——手段の変化

安心保障国家への転換のもう一つの要素は、行政サービスを「提供」する政府から、安心を「保障」する政府への転換です。すなわち、政府が自ら公共サービスを提供する方式から、その実施については民間の力を利用し、これを支援する方式への転換です。

サービス国家は、衛生、教育、社会保障といった公共サービスを、政府が提供することを前提としていました。しかし小さな政府論では、これまで政府（国と自治体）が提供していた公共サービスであっても、営利企業や非営利活動が提供します。そこには、民営化のように行政の業務を組織ごと民間に移すもの（国鉄民営化の例）と、業務を民間に開放するもの（介護保険サービスの例）と、民間委託のように責任は行政が持ち実施を民間に委ねるもの（ゴミ収集の民間委託の例）があります。

先に紹介した介護保険サービスは、行政が提供する「措置」から、利用者が民間も含めた事業者からサービスを選ぶ「契約」になりました。行政の役割は、制度の運営（保険財政など）や要介護度の認定になりました。

すると、どの提供主体が効率的に提供することができるのか、そして、どのように規制すれば安全に提供できるのかを考えることが、政府の責任になります。すなわち、あるサービスを提供する場合に、企業が担えるか、非営利組織でできるか、それとも行政が担うかを選択することになります。その設計が、政府の仕事になります。顧客としての市民は、行政、企業、非営利活動のどれが、より安く質の良いサービスを提供してくれるかを選びます。そして、民間が提供するサービスが一定の品質を満たしているか確認すること、欠けている場合に是正することと、国民が適切なサービスを受けていないときにこれを救済することが、政府の仕事になります。

住宅の供給に当てはめてみましょう。住宅が不足した時代は、国や自治体が公営住宅を建設し提供することや、自宅を購入する場合に低利融資で支援することが重要でした。住宅の戸数が増えたことで、公営住宅の提供は低所得者や高齢者向けに絞られつつあります。建設するという土木部の仕事から、入居者のお世話という厚生部の仕事へ、課題が変わってきています。他方、劣悪な住宅をなくすために、建築基準や都市計画が必要です。その建築確認事務は、民間に開放されました。しかし、民間事業者による耐震強度偽装事件や基礎杭の不足事件などが明るみに出て、それらの防止や危険建物の建て替えが課題になりました。

これに関連して、ドイツ公法学では近年、「保障行政」という概念が唱えられています。すなわち、行政の民営化や民間委託を行ったのち、また行政と民間が協働して公的任務を行うようになっても、行政にはこれまでとは違った役割、すなわち「保障」があるという考え方です。行政サービスの民営化によって出てきた考え方で、民間による公共サービス提供を認めつつ、そのサービスが適正かつ平等に提供され続けることを国家が保障するというものです。生活に不可欠なサービスの供給を市民に保障することが国家の責任であり、こうした責任を遂行するための行政を保障行政と呼びます。この考え方は、これまでの政府による公共サービス提供を前提とした福祉国家やサービス国家と、近年主張される小さな国家やスリムな国家とをつなぐものとして登場しました。また、給付行政の分野だけでなく、私人間の取引の品質を、国家が保証することも要請されます。

板垣勝彦・横浜国立大学准教授が、行政法学の立場から、民営化や民間委託、民間との協働（ドイツ法学では「私化」と呼びます）が進んだ際の、国家の役割と責任、どのようにして平等公平にサービスを確保するか、問題が起きた際の責任などの法的問題を詳しく研究しておられます。著書『保障行政の法理論』では、国家の役割変化を、「福祉国家から保障国家へ」と表現しておられます。[注20]

(3) 役割の変化―小さいが広い政府

このように国家の役割は、公共サービスの提供を引き受けるのではなく、官（政府）・共（非営利活動）・私（営利企業）という3主体の一つとして、他の主体が提供しないサービスを提供することと、そしてそれら3主体のサービスが適正に行われるように規制と監視をすることになります。図表4―6がその概念図です。

サービス提供では、民営化や民間委託によって、政府の役割は小さくなります。そして、民間が引き受ける場合も、企業だけでなく非営利団体も主体と

図表4―6　安心保障国家の構図

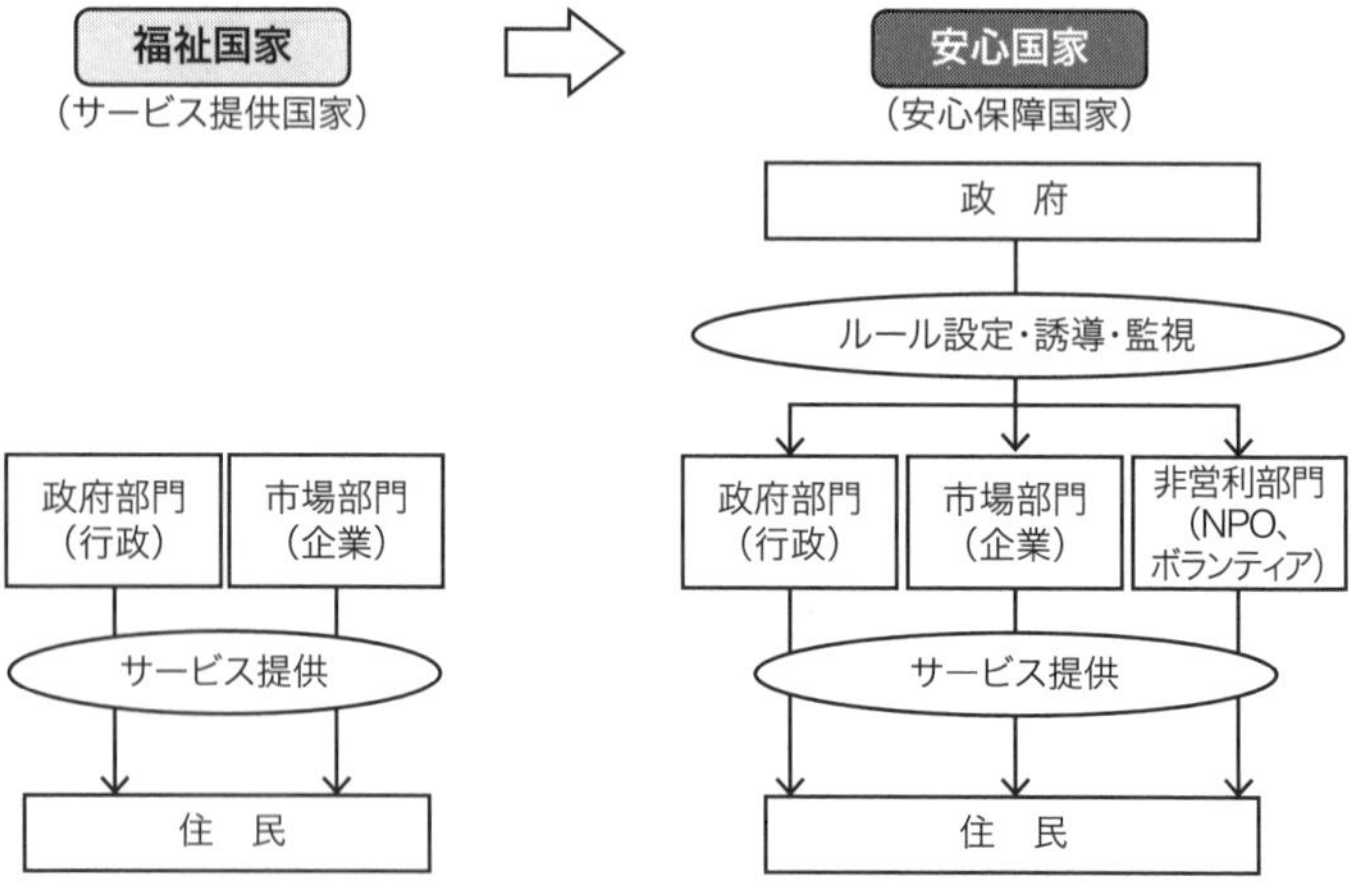

して現れます。他方、ルールの設定、誘導、監視、問題が起きた際の是正や救済が、政府の任務として大きくなります。

政府の主たる任務が、経済発展と行政サービス拡大から、安心の保障へと変わることによって、これまでの行政に比べこれからの行政では、何が変わるかを整理してみましょう。

●――生産者育成から生活者保護へ

サービス提供がひととおり整備されたので、サービス提供という視点自体が、時代遅れになっています。これは、サービス提供が不十分で、それを充足するにはどうすれば効率的かという問題意識からの発想です。そのために行政自らがサービスを提供するほか、企業や提供者（例えば私立学校や保育園）に補助金を出し、業界団体を指導しました。これは、提供者を育てる発想です。

すでに提供する仕組みをつくり上げたのなら、これからは、サービスの受け手（顧客）である住民や生活者の立場に立って考えるべきです。例えば、提供者に補助金を出すのではなく、サービスの受け手の人に補助金を出して、サービスを選択させる方法が有効になります（バウチャー制度）。医療や介護の保険制度では、受給者が病院や介護所を選び、一定の負担をしてサービスを受けるという仕組みができています。

行政の対象者が、生産者から生活者に変わります。これまでの行政の一次的対象者は、生産者であり組織でした。公共サービスの対象は国民であり住民ですが、行政の手法としては、公共サービス拡充のためにそれを提供する組織（学校、病院など）を第一次的な対象者としていました。それらに対して、振興、助成、規制を行ったのです。サービス提供のために、自ら会社や法人を設立し運営もしました。これら生産者や提供者の向こうに、住民がいました。

公共サービス提供の仕組みはほぼできあがったので、それぞれの業界振興は役目を終えました。これからは、生活者を守ることが、政府の仕事になっています。消費者行政が、その典型です。業界は、行政が指導し育てる対象ではなく、一定以上のサービス水準を守っているかを監視する対象です。

被災者の生活再建にまで復興の範囲を広げた際に、ほとんどの省庁がサービス提供者の観点からできていることを指摘しました（249ページ）。

これまで行政は、社会の「先頭に立って指導」しました。遅れている産業や社会を、行政が指導するのです。これからは、社会のセイフティ・ネット（安全網）として、困っている人を「後ろから支え」ます。先導者から安全網になるのです。

●――公共制度設計――選手から審判へ

あるサービスを提供する際に、官民のどちらが提供するのか、また民間に提供してもらうとして、サービスの内容や公平性をどのように確保するのかなどを考えることが、政府の仕事になります。

公共サービスを民間主体も提供することから、継続的に安全で公平に提供されるよう、ルールを定めておくことが必要になり、適正な運用がなされているかの監視が、行政の任務になります。「公共制度設計」という思想であり機能です。(注21)民間による公共サービスの提供に加えて、行政による事前調整から事後監視へと転換することで、私人のリスクは高くなります。そのことによっても、被害者を救済する機能が、重要になります。

行政自らが提供していたり、業界を保護し新規参入を認めなかった場合に比べ、行政の仕事が増えます。金融行政が例です。いわゆる護送船団行政だった時代は、大蔵省の銀行局と証券局の2局で、銀行や証券会社など金融機関の指導と監督を行っていました。金融自由化によって、金融監督業務は金融庁に分離され、組織も人員もはるかに増大しました。

スポーツにたとえると、行政はこれまでは業界振興のコーチであり、自ら供給する選手でした。これからは、民間主体が選手であり、行政はルールを定めることと審判をすることに重点が移ります。こうして、政府は単に小さな政府になるのではなく、広い責任を持った小さな政府になるのです。(注22)

3　自治体・企業・NPOへの期待

このような政府の役割変化によって、行政組織と公務員に求められるものが変わってきます。民間や住民にも、新しい思考と行動が期待されます。

(1) 自治体への期待

自治体は、これまで国の指示の下、公共サービスや社会保障制度をそろえ、社会資本も充実しました。しかし、新しい不安が、地域で発生しています。いじめ、不登校、学級崩壊、引きこもり、ニート、児童虐待、高齢者虐待、家庭内暴力、孤独死など、毎日のニュースが、悲しい事件を伝えます。これらは、個人や家庭に対し、これまでにない対応が必要とされます。

また、新興国家の追い上げによって産業が空洞化し、地域の経済が衰退していることも、大きな問題です。商店街がさびれ、集落がなくなっています。それによる失業、非正規雇用、ワーキングプア、子どもの貧困など。住民の暮らしが、脅かされています。

日本の行政には、もう一つの条件変化が加わります。これまでは、先進諸国をお手本に、キャッチアップ型の行政をしてきました。しかし、先進国に追いつき追い抜いたことで、他国から輸入するものがなくなりました。それどころか、高齢化率世界一の日本は、高齢化政策で他国のお手本にならなければなりません。先進地視察に行くのなら、ヨーロッパでなく日本の地方なのです。

これからの課題は、外国や中央からでなく地元に発生します。そして、社会に起きる課題に終わりはなく、新しい課題は思いもよらないところから発生します。

国の指示によって決められたことを画一的にやっていれば良かった行政から、地域の課題を自ら発見し解決する行政への転換です。課題先進国を課題解決先進国に転換するために、課題先進地から課題解決先進自治体への転身を目指さなければなりません。

⑵　公務員への期待

欧米先進国に学び、新しいサービスを輸入していれば良かった時代から、新しい課題をいち早く認知し、それへの対応を自ら考えなければならなくなりました。公務員には、法律によって与えられた任務を遂行するだけでなく、新たな課題を発見する広い視野と、柔軟な発想が必要とされます。そして、課題は地域から起きるのです。地方公務員には、国の指示を実行する公務員から、地域の課題を見つけ解決する公務員への変身が期待されます。その際の留意点を書いておきます。(注23)

●──「できません」

まず、「できません」についてです。新しい仕事を要求された場合に、できませんと言うのは、お定まりの公務員像です。「前例がありません」「法律に書いていません」も。この台詞が出るのは、市民から新しい要望が出された場合と、市長から新しい施策を指示された場合とがあります。

これまでのように、国が決めたことを実行する場合は、法律に書かれていないことは「できません」と言えばすみました。しかしこれからは、新しい地域の課題に、挑戦しなければなりません。前例にないこと、法律に書かれていないことに、挑戦しなければならないのです。「前例がありません」「法律に書いていません」は、断る理由になりません。

民間企業にあっては、他社と同じことをしていては、勝ち残れません。これまでにないこと、他社がやっていないことに挑戦することが、善なのです。市役所も、市民の要望に応えるという観点からは、顧客の要望に応える企業と同じです。

もちろん、営利を目的としている企業と、自治体とを同一に論じるわけにはいきません。理不尽な要求や不適切な指示に対しては、断らなければなりません。しかしその際には、それだけの理由や代案が必要です。

「それは税金で行う仕事ではありません。なぜなら……」「それは、不公平になります。市民を公平に扱うのなら、次のようにしなければなりません。代案は……」「それを行うなら、既存の事業を廃止して、財源を捻出しなければなりません。次の3つが廃止案です……」というようにです。

●——官民の垣根の低下

もう一つ、地方公務員に転換を迫るもの、それは官と民との垣根が低くなったことです。それによって、「行政だから」「公務なので」といった理由では、民間との違いを説明できなくなったのです。

これまでのような、官と民とは別であるという考え方の下では、行政が民間と違うことをしていても、「行政は民間と違うので」と言えばすみました。それが、なぜ民間と違うのかを、説明しなければならなくなりました。事務事業について、「市場化テスト」を受けるだけでなく、行政の仕事として残った部分についても、なぜ民間のようにはできないのかを説明しなければなりません。公務員の思考と行動が、転換を迫られているのです。

●――外に出よう

ところで、地方公務員は案外、地域のことを知りません。役場内のことであっても、自分の専門以外のことは知りません。

官と民とが区別されている世界では、公務員は行政の世界に閉じこもっていることが可能でした。法令に定められた範囲で、物事を処理できたのです。世情に疎くても、すみました。また、縦割り行政が、役場内でもほかの部局のことを知らないという「たこつぼ」状況をつくりました。

知らない会社を訪ねていくとか、知らない人に会うことは、おっくうなことです。しかし民間企業では、そんなことは言っておられません。新しい技術や商品をいち早く取り入れ、新しい顧客やなじみのない地域に売りに行かなければなりません。これに対し役場は「地域独占企業」なので、「顧客のニーズ」や「同業他社」の状況を勉強しなくても、生き残れました。そして、中央集権システムによる国からの指示が、全国での行政の同等の品質を確保していました。

ある分野の専門家になることは重要です。しかし、その分野に閉じこもっていては、新しい問題を見つけることはできません。役場に座っているのではなく、地域に出かけないと、地域の問題は見つけることができません。あなたは、あなたの市町村内の企業がどれくらい住民を雇用し、どのような地域貢献をしているか、知っていますか。市町村内にどのようなＮＰＯがあって、どのような活動をしているか、知っていますか（２５９ページ）。他の役場や民間の動向を勉強し、これまで会っていない人の話を聞かないと、独りよがりでは良い解決策は出てきません。考えたとしても、すでに先を進んでいるものより劣っている可能性があります。

専門分野を持ちつつ、広い視野と鋭い感度を持たなければなりません。そのためにも、地域に出て、異業種の方の意見を聞き、人脈を広げましょう。

(3)　民間への期待

地域社会や公は、住民と行政だけで成り立っているのではなく、企業やＮＰＯが大きな役割を果たしています。そして、被災地での復興で見えたように、企業やＮＰＯへの期待が高まっています。

今回の大震災を機に、企業の支援は無償支援だけでなく、事業を通じた社会貢献に広がりました。そして、他の企業にも、他の分野でも広がることが期待されています。それは、地域、特に地方で本業を展開することと、地域と協力して社会の課題を解決することです。いずれにしろ、本業または本業を発展させた事業でないと、長続きはしません。第2章で、復旧・復興過程で貢献が顕著だった事例を取り上げ、これからの展望と課題を整理しました。

　企業が地域で社会貢献するには、いくつかの要件があります。一つは、どの地域、どの自治体と手を組むかです。次に、地域のどのような資源を使うか、地域のどのような課題に応えるかです。三つ目に、その企業の持っている技能の何を使うかです。そして四つ目に、どのようなきっかけで手を組むかです。資生堂が大船渡市を応援してくださっている例では、地域は大船渡市、地域の資源は椿、企業の技能は化粧品です。つながりは、花椿は資生堂のシンボルであり、大船渡市はヤブツバキの北限ということでした（128ページ）。

　企業はいろいろな技能を持っています。そして、多くの企業が、社会や地域に貢献したいと考えておられます。それをどのように協力していただくか。企業と自治体・地域とをつなぐことが、次の大きな課題です。

　NPOについては、阪神・淡路大震災でボランティア活動が社会に認知され、東日本大震災でNPOが認知されました。組織的ボランティアであるNPOの能力や実績が、多くの人に理解されました。

　NPOが今後活躍するために必要なことは、第3章で述べました。経営基盤の強化、参加者の募集、リーダーシップなどです。そして、自治体や地域とともに社会の課題を解決する際に必要な要件は、先に企業に書いたことが当てはまります。どの地域を選ぶか、どのような地域の課題に取り組むのか、ＮＰＯが持っているどの技能を使うのか、そして手を組むきっかけです。

残念ながら、社会や地域では、各ＮＰＯがどこで何をしているのか、知られていません。せっかくよい活動をしているのに、各自治体はそれを知らないのです。また、同じ趣旨で貢献しようと考えている企業もいます。その方たちとの情報共有、共同行動もまだ少ないようです。ＮＰＯにも、自分たちの世界や殻に閉じこもることなく、広く自治体や企業とセクターを越えた連携に、手を伸ばしてもらいたいです。

そして、このような意識を持った企業やＮＰＯを探し連携することが、自治体に期待されます。そのために、自治体では、まず窓口を作ること、担い手となる職員を養成すること、幹部を始め職員の意識を改革することが必要です。

企業やＮＰＯは、行政の事業の発注先でも下請けでもありません。一緒になって地域の課題を解決してくれる、同志（パートナー）です。

〔注〕

（1）　ここでは、「コミュニティ」という言葉を、定義せずに使っています。地域の住民によるつながり、共同体という意味に考えてください。そこから拡大して、地域を離れたつながりにも使われる場合もあります。また、町内会など地縁団体が、すべてにおいて「良いもの」とはいえませんが、ここではそれらの問題は捨象します。

（2）　拙著『新地方自治入門―行政の現在と未来』（2003年、時事通信社）第7章

（3）『社会的共通資本』（2000年、岩波新書）、『宇沢弘文の経済学 社会的共通資本の論理』（2015年、日本経済新聞出版社）など
（4）例えば、稲葉陽二『ソーシャル・キャピタル』（2011年、中公新書）。巻末の参考文献が充実しています。
（5）『哲学する民主主義―伝統と改革の市民的構造』（邦訳2001年、NTT出版）、『孤独なボウリング―米国コミュニティの崩壊と再生』（邦訳2006年、柏書房）
（6）『信無くば立たず』（邦訳1996年、三笠書房）
（7）『劣化国家』（邦訳2013年、東洋経済新報社）
（8）『信頼の構造―こころと社会の進化ゲーム』（1998年、東京大学出版会）
（9）わかりやすい解説として、石井洋二郎著『差異と欲望：ブルデュー『ディスタンクシオン』を読む』（1993年、藤原書店）、加藤晴久著『ブルデュー　闘う知識人』（2015年、講談社選書メチエ）
（10）『国家はなぜ衰退するのか―権力・繁栄・貧困の起源』（邦訳2013年、早川書房）
（11）安上がりの政府から、サービス国家、福祉国家への変化については、代表的な行政学の教科書として、西尾勝著『行政学（新版）』（2001年、有斐閣）
（12）『法の性別―近代法公私二元論を超えて』（2009年、東大出版会）
（13）官・共・私三元論については、前掲『新地方自治入門』第8章
（14）『財政学（改訂版）』（2007年、有斐閣）
（15）藤田宙靖「行政改革に向けての基本的視角」『自治研究』1997年6月号（良書普及会）、同『行政法の基礎理論下巻』（2005年、有斐閣）に再録
（16）前掲『新地方自治入門』で詳しく論じました。
（17）サービス提供国家から安心保障国家への転換については、拙稿「社会のリスクの変化と行政の役割 第4章第3

節リスク社会と国家の変貌」『月刊地方財務』2011年4月号（ぎょうせい）
(18) 拙稿「再チャレンジ支援策に見る行政の変化」『月刊地方財務』2007年8月号（ぎょうせい）
(19) 詳しくは、拙稿連載「社会のリスクの変化と行政の役割」『月刊地方財務』2010年10月号〜2011年4月号（ぎょうせい）をお読みください。
(20) 『保障行政の法理論』（2013年、弘文堂）
(21) 参考、原田大樹著『公共制度設計の基礎理論』（2014年、弘文堂）
(22) 拙稿「行政改革の現在位置〜その進化と課題」北海道大学公共政策大学院年報『公共政策学』第5号（2011年3月）において、近年の行政改革を分類することで、日本の行政の役割変化を論じました。
(23) 拙稿「安心国家での地方公務員の役割」『月刊地方公務員月報』2011年4月号（総務省自治行政局公務員課）

あとがき

「はじめに」に書いたように、私たち3人は、大災害からの復興には、行政だけでなく企業やNPOなどの力が必要だと考えました。民間の力を引き出すために、いろいろな試みをしました。そして、それが社会を変える好機だととらえ、本文に書いたような挑戦をしてきました。

行政の仕組みと公務員の意識、社会の仕組みと国民の意識。それらを変えるには、膨大なエネルギーが必要です。しかし、政治や社会を固定されたものと見るのか、変化するもののさらには変えることができるものと見るのか。政治や行政をできあがった制度と見るのか、問題を解決していく過程と見るのか。社会を私たちに与えられた所与の条件と見るのか、可能性の空間と考えるのか。

私たちは、行政も社会も変えることができると考えています。そして、個別の改革や変革でなく、大きな社会の変化と行政の変化を視野に入れています。個別の変化や改革を羅列するのではなく、公私二元論から官共私三元論への変化という視座で見ています。その視座を提示することで、国民や公務員の認識の枠組みを変えたいのです。

私たちは、多くの方々と一緒に、挑戦をしてきました。ここに、皆さんのお名前を挙げることができませんが、お礼を申し上げます。

復興はまだ道半ばです。そして、私たちが挑戦した「社会を変えよう」という試みも、緒に就いたばかりです。この本を読んで共感していただいた方は、ぜひ被災地でまた日本各地で、そしてそれぞれの分野で、社会を変えることに挑戦してください。

2016年2月

岡本　全勝
藤沢　烈
青柳　光昌

◆著者略歴◆

岡本　全勝（おかもと・まさかつ）　はじめに、第１章、第４章

復興庁事務次官

1955年、奈良県生まれ。東京大学法学部卒、自治省入省。富山県総務部長、総務省交付税課長、内閣総理大臣秘書官、自治大学校長、東京大学大学院客員教授、復興庁統括官などを経て現職。

著書に『新地方自治入門』（2003年、時事通信社）など。

ホームページ「岡本全勝のページ」http://homepage3.nifty.com/zenshow/

藤沢　烈（ふじさわ・れつ）　第２章

一般社団法人RCF代表理事

1975年、京都府生まれ。一橋大学社会学部卒、マッキンゼー・アンド・カンパニー等を経て、東日本大震災を機に一般社団法人RCF復興支援チーム設立（現一般社団法人RCF）。2012年２月の復興庁設立時から翌年８月まで同庁政策調査官も務める。総務省地域力創造アドバイザー、文部科学省教育復興支援員。

著書に『社会のために働く』（2015年、講談社）など。

ブログ　http://retz.seesaa.net/

青柳　光昌（あおやぎ・みつあき）　第３章

日本財団ソーシャルイノベーション本部上席チームリーダー

1967年、千葉県生まれ。日本大学法学部卒、財団法人日本船舶振興会入会（現日本財団）。NPO支援、人事、経営企画、海洋技術開発担当の後、東日本大震災復興支援の事務局責任者などを経て現職。グロービス経営大学院卒、経営学修士。

共著に『東北発10人の新リーダー』（2014年、河北選書）など。


（2016年２月現在）

東日本大震災
復興が日本を変える
―行政・企業・NPOの未来のかたち

平成28年3月11日　第1刷発行

編　著　岡本　全勝
著　藤沢　烈・青柳　光昌
発　行　株式会社ぎょうせい

〒136-8575　東京都江東区新木場1－18－11
電話　編集　03-6892-6508
営業　03-6892-6666
フリーコール　0120-953-431

URL：http://gyosei.jp

〈検印省略〉

印刷　ぎょうせいデジタル㈱

※乱丁・落丁本はお取り替えいたします。

ISBN978-4-324-10127-8
(5108234-00-000)
〔略号：大震災復興〕